GENTE DE MENTE

GENTE DE MENTE

MEJORA Y DESARROLLA TU INTELIGENCIA DIVIRTIÉNDOTE

Agustín Fonseca y Sergio F. Aldrey

AGUILAR

2007, Santillana Ediciones Generales, S. L.
Torrelaguna, 60. 28043 Madrid
Teléfono 91 744 90 60
Fax 91 744 90 93
www.aguilar.es
aguilar@santillana.es

Diseño de cubierta: El Orfanato (www.elorfanato.com)

Imagen de cubierta: Comunicación Jara

Primera edición: marzo de 2007

ISBN: 978-84-03-09780-3
Depósito Legal: M-8.124-2007
Impreso por: Fernández Ciudad, S. L. (Madrid)
Printed in Spain

Índice

Página

Introducción

El cerebro es el principal órgano del ser humano. Gracias a él respiramos, sentimos frío, sentimos hambre, conducimos un coche, recordamos un teléfono, entendemos un chiste, sentimos placer... Toda una serie de acciones que realizamos todos los días sin apenas darnos cuenta de la complejidad que conllevan.

El estudio de este órgano lleva ya bastantes años en funcionamiento.

Aristóteles, en el siglo IV a.C., comenzó a preguntarse sobre la mente y la psique. A partir de él, filósofos, médicos y psicólogos continuaron elaborando razonamientos, experimentos y estudios que permitieran comprender esta masa de 1.400 gramos que todos poseemos protegida por nuestro cráneo.

A pesar de su complejidad, desde los razonamientos de Aristóteles hasta hoy hemos recorrido un buen camino. Ahora, los estudios de neuropsicología nos están permitiendo observar mapas del cerebro y de su actividad, explicaciones a conductas que no entendíamos, soluciones a problemas que hace 20 años no se habrían podido resolver... En la última década, gracias a la investigación, hemos acelerado la velocidad en el conocimiento de nuestro cerebro y parece que cada día estamos más cerca de encontrar respuestas a todas las preguntas que nos planteamos.

> *Mi cerebro es mi segundo órgano favorito.*
>
> **Woody Allen**
> (1935-) Actor, director y escritor estadounidense.

> *Si el cerebro humano fuese tan simple que pudiésemos entenderlo, entonces seríamos tan simples que no podríamos entenderlo.*
>
> **Anónimo**

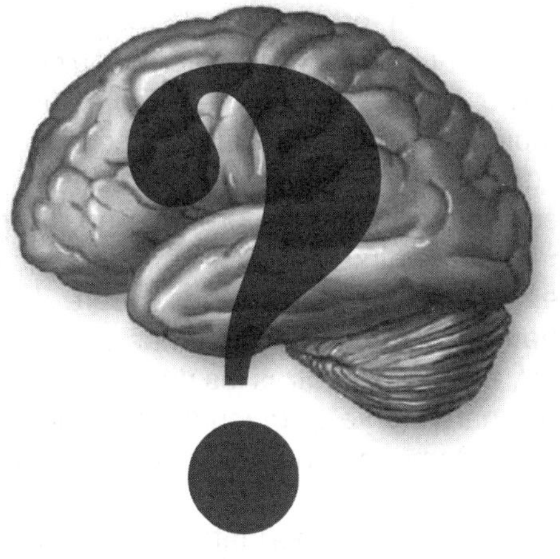

¿Cuánto pesa mi cerebro?

Al contrario de lo que podamos pensar, el peso y el tamaño del cerebro no son determinantes de mayor o menor inteligencia. De hecho, los hombres suelen tener, de media, masas cerebrales que superan a las mujeres en unos 100 gramos y no por esto ellos son más inteligentes que ellas.

Existe un aspecto al nacer que nos diferencia respecto a las demás especies animales: el desarrollo cerebral.

La mayoría de las crías de los animales nacen con sus cerebros prácticamente maduros. Y eso va a permitir que ya desde los inicios de su vida puedan desenvolverse por sí mismas en su entorno. Por ejemplo, el ternero al nacer tarda menos de cinco minutos en conseguir ponerse de pie y acudir a su madre para mamar. El hombre tarda bastante más y difícilmente podrá alimentarse si no es la madre o el padre quien le dé comida.

El cerebro del humano recién nacido apenas pesa unos 350 gramos, una cuarta parte de lo que alcanzará cuando sea adulto. Ese órgano inmaduro y pequeño llega al mundo dispuesto a desarrollarse y crecer al ponerse en contacto con el medio que le rodea. Una de las cosas que nos llama la atención al tocar la cabeza de un bebé es la fisura que atraviesa su cráneo. Ésta no es más que la respuesta que da la naturaleza a este problema de tamaño: si naciera con el hueso soldado, sería muy difícil que el cerebro pudiera aumentar cuatro veces su volumen inicial.

Se sabe que el cerebro llega a su madurez total cuando sus partes delanteras desarrollan las capacidades intelectuales, morales y emocionales, aproximadamente a los 25 años. Previamente, ha existido una maduración progresiva de otras funciones como el lenguaje, la psicomotricidad, el pensamiento lógico...

El psicólogo suizo Jean Piaget (1896-1980) estudió este desarrollo del cerebro dividiéndolo en cuatro etapas cognitivas. Según él los niños piensan de forma muy diferente a la de los adultos. Con la maduración del cerebro infantil se produce una transformación del pensamiento para convertirse en una forma de pensamiento adulta.

Curiosamente, en las investigaciones sobre la demencia tipo Alzheimer, se han relacionado sus síntomas de forma inversa con el desarrollo infantil, es decir, mientras los niños adquieren capacidades progresiva y ordenadamente (siguiendo las etapas de Piaget) las personas con esta demencia las van perdiendo también de forma ordenada (según esas etapas).

Dado que es el órgano más importante de nuestro cuerpo no es raro pensar que necesite combustible para su perfecto funcionamiento. El cerebro, comparado con otros órganos, consume mucho: una quinta parte de la energía que utiliza el cuerpo en reposo. Es como una bombilla que tenemos siempre encendida y que necesita una energía mínima para seguir funcionando. Las responsables de esta abultada factura de la luz corporal son las neuronas, las células del cerebro que son portadoras del flujo nervioso.

> *El cerebro es un órgano maravilloso. Se pone a trabajar al levantarnos y no deja de funcionar hasta entrar en la oficina.*
>
> **Robert Frost**
> (1874-1963) Escritor y filósofo estadounidense.

En nuestro cerebro hay aproximadamente unos 100.000 millones de neuronas que se conectan entre sí formando una enorme red. De estas conexiones depende nuestra memoria, el lenguaje, el aprendizaje, el pensamiento, los movimientos conscientes, las sensaciones... El impulso nervioso se transmite de neurona a neurona a través de sus conexiones, las sinapsis, a una velocidad máxima de unos 360 kilómetros por hora. Esta gran velocidad nos permite dar respuestas rápidas ante una tarea tan compleja como puede ser ver un objeto en nuestro medio a través de nuestros sentidos; comparar esa información con lo que tenemos en nuestra memoria e identificar el objeto; poder codificar el significado del objeto a través de una palabra y pronunciarla en voz alta para que la oiga nuestro compañero, a la vez que interpretamos el objeto como amenazante y enviamos información a nuestras piernas para que arranquen a correr y el perro que nos persigue no nos muerda el trasero. Lamentablemente, nuestras piernas no correrán tanto como lo hacen los impulsos nerviosos en nuestras neuronas.

Tradicionalmente se ha creído que las neuronas morían sin posibilidad de que se regenerasen de nuevo. Por ejemplo, cuando alguien sufría un accidente cerebrovascular, las neuronas que se localizaban en la zona afectada morían y la parte funcional de la que eran responsables (lenguaje, movilidad, pensamiento...) se veía gravemente afectada en la persona. Una importante parte de esa funcionalidad era posible que se recuperara tras el accidente si la persona estimulaba las neuronas no afectadas y situadas en la zona limítrofe, de forma que prolongaran sus terminaciones nerviosas conectándose entre sí y encargándose en parte de esas funciones que habían quedado limitadas. Por eso, alguien que había sufrido un derrame cerebral era capaz de volver a hablar o caminar, aunque de forma limitada después de haber perdido el habla y la movilidad. Este concepto recibe el nombre de plasticidad cerebral y hace referencia a la capacidad de adaptación que tiene el cerebro.

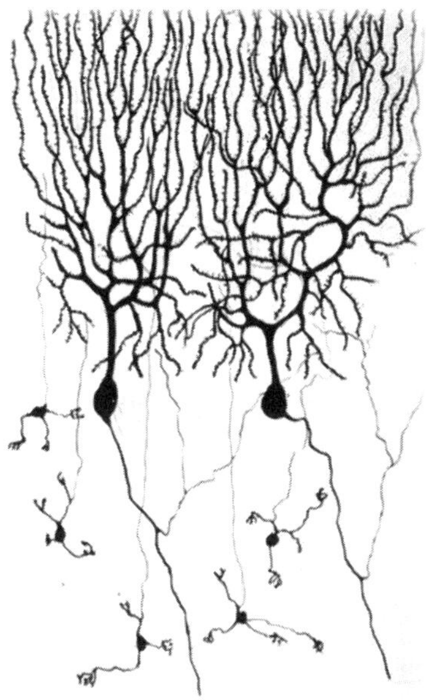

Neuronas dibujadas por
Santiago Ramón y Cajal
(1852-1934) Histólogo y premio Nobel español.

No es necesario sufrir un accidente cerebral para que las neuronas pasen a mejor vida. De hecho, a lo largo de nuestra vida, y a causa del paso del tiempo, se da una mortalidad natural en nuestras preciadas células nerviosas. Este hecho era la explicación que se daba a los trastornos de memoria causados por el envejecimiento, pero hoy en día esta explicación no es muy válida teniendo en cuenta que la cantidad de neuronas que mueren no es muy significativa comparada con los miles de millones que tenemos y observando los resultados de algunos experimentos actuales que están intentando demostrar que en los cerebros adultos se producen nacimientos de nuevas neuronas.

En cualquier caso, la plasticidad cerebral sí es un hecho constatado y está claro que, a mayor estimulación de las neuronas, éstas establecerán más relaciones sinápticas que formarán una red más conectada y preparada para responder a los desafíos del ambiente.

En este sentido, es válido tratar al cerebro como un gran músculo que necesita ser entrenado para desarrollar sus capacidades potenciales. Y eso es lo que vamos a trabajar en este libro.

La edad madura es aquella en la que todavía se es joven, pero con mucho más esfuerzo.

Jean-Louis Barrault
(1910-1994) Actor y director francés.

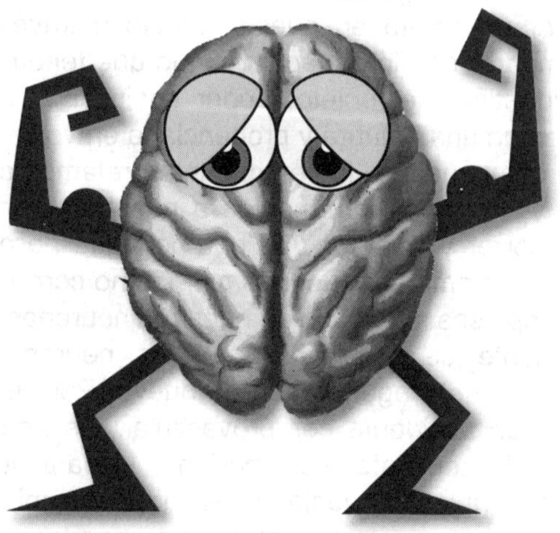

A causa del envejecimiento del cerebro y por tanto de las neuronas, cada vez será necesario más esfuerzo para conseguir mantener el rendimiento de nuestro órgano en condiciones aceptables. Entrenarlo no sólo permitirá que nos sintamos más lúcidos y despiertos mentalmente, sino que envejeceremos más satisfactoriamente, estaremos reduciendo las probabilidades de la aparición precoz de una demencia, estaremos más alerta para responder a nuestro entorno debidamente, tendremos éxito en nuestras relaciones sociales y nos sentiremos bien con nosotros mismos, por lo que aumentará nuestra autoestima.

Parece que vale la pena entrenarnos si el esfuerzo no es mayor que los resultados o si conseguimos que ese esfuerzo no sea visto como tal porque nuestro cerebro se divierte con los ejercicios propuestos.

El pasatiempo es una técnica muy utilizada por psicólogos en la intervención con demencias para estimular y potenciar las funciones cognitivas que se han visto alteradas a causa de la enfermedad. En estos casos se procura que la actividad tenga un gran componente motivacional para el sujeto dado que de otra forma éste se aburriría.

Con personas sin demencia la fórmula es equiparable. De forma que los pasatiempos, lejos de significar simplemente lo que indican literalmente, son estímulos que ejercitan a la vez varias áreas de nuestro cerebro a la par que fomentan una sensación placentera conforme se van solucionando los diferentes retos planteados. El solucionador de pasatiempos complejos suele ser una persona ávida, curiosa, creativa y con una importante actividad cerebral.

Este libro toma como herramienta estos pequeños desafíos del cerebro con la intención de que puedas entrenar tus capacidades cognitivas sin aparente esfuerzo y siendo consciente de qué áreas estás estimulando.

Para ello te proponemos un test inicial. Las diferentes áreas que se ejercitan en los ítems de este test serán explicadas, ejemplificadas y puestas a entrenamiento en cada uno de los sucesivos capítulos del libro a los cuales te remitiremos según sean tus resultados en la prueba inicial.

Una vez que hayas trabajado por separado y conjuntamente cada una de las capacidades cognitivas que te presentamos, estaremos preparados para subir de nivel. De nada sirve engrasar y calentar motores si, después, no sacamos el máximo potencial de ello. Por eso, cuando tengas preparada la máquina, te propondremos que visites unos capítulos especiales que entrenan el cerebro a nivel más global, utilizando todos los componentes individuales para dar un resultado que es mucho mayor que la suma de las partes. En estos capítulos conoceremos cómo exprimir al máximo tu cerebro haciendo uso de tu creatividad, las emociones positivas y el conocimiento de los que te rodean para, de esta forma, conseguir más éxitos en tu día a día y disfrutar una vida de superación y mejora continua.

Por último, te propondremos un test final que combine todo lo visto en este libro para que puedas comprobar hasta qué punto has influido en tu cerebro.

Y ahora, si estás preparad@, llegó el momento de empezar. Te dejamos con el test.

TEST INICIAL

PASATIEMPOS

- Símbolos
- Letras
- Cadenas hexagonales
- Recuerda
- Señales de tráfico
- Maletines
- Diana
- Cinco vocales
- Tragaperras
- Dados simbólicos
- Memoria
- Cuentakilómetros
- Diferencias reales
- Inventos e inventores

Test inicial

> *Los test son a la psicología lo que las encuestas a las elecciones. No aciertan, pero ayudan con sus equivocaciones.*
>
> **Anónimo**

La prueba siguiente está compuesta por 14 desafíos o pasatiempos que trabajan un área determinada de tu cerebro. Para pasarlo necesitarás simplemente un lápiz, un cronómetro para calcular el tiempo y un espacio tranquilo y cómodo. Tardarás más o menos media hora en resolverlo y una vez que tengas los resultados podremos guiarte a través del libro para que trabajes aquellos aspectos en los que más flojeas.

Cada pasatiempo tiene un tiempo máximo para que lo soluciones, pero no lo conocerás hasta que evalúes los resultados. De todas formas, si contestas bien el pasatiempo, también puntuarás. Por eso te recomendamos que no te preocupes demasiado por solucionarlos muy deprisa. Éste es sólo el test inicial y estamos seguros de que, después de visitar el capítulo correspondiente y realizar todos los pasatiempos al respecto, tu cerebro estará más preparado para afrontar situaciones de ese tipo y resolverlas más rápidamente.

Todos los pasatiempos del libro llevan símbolos identificativos de la capacidad que trabajan (tabla de la derecha).

También van acompañados de un indicador de su dificultad, clasificados en 3 niveles: sencillo (✹), regular (✹✹) y difícil (✹✹✹).

Bien, pues si estás listo no tienes más que pasar página. Lee el enunciado de cada pasatiempo detenidamente y una vez que sepas lo que tienes que hacer puedes activar el cronómetro. Cuando termines cada pasatiempo, anota tu tiempo en los recuadros pertinentes (excepto en el 4 y el 11).

 Atención

 Lenguaje

 Cálculo

 Memoria

 Conocimientos generales

 Orientación espacial

 Lógica

 Creatividad

 Humor

Pasatiempo 1

SÍMBOLOS

Dificultad: ✹

En este conjunto de símbolos debes encontrar los 3 que se repiten.

Tu tiempo:

Pasatiempo 2

LETRAS

Dificultad: ✹

DECOR.
Del lat. *decor, -oris.*
1. m. ant. Adorno, decencia.
Diccionario de la Lengua Española

Tienes que encontrar las otras 3 palabras del diccionario que se pueden formar con estas mismas letras.

Tu tiempo:

Pasatiempo 3
CADENAS HEXAGONALES

Dificultad: ✹

Al mover los hexágonos articulados de la figura inferior se obtienen varias composiciones. Entre las seis de la derecha hay dos imposibles de conseguir.

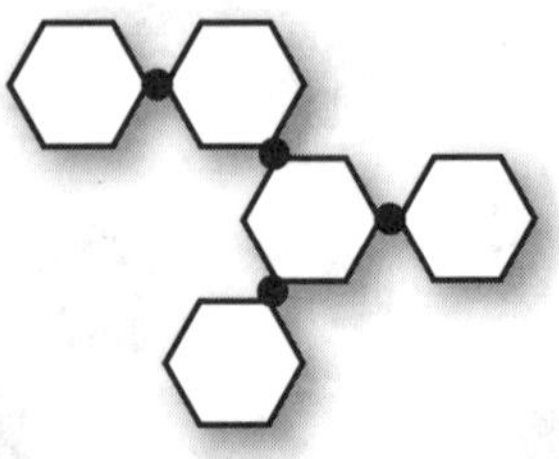

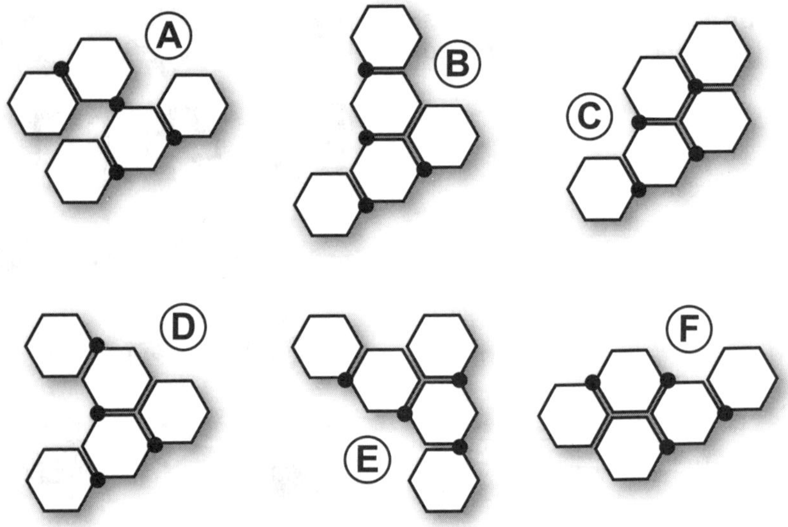

Tu tiempo:

Pasatiempo 4a
RECUERDA [1]

Dificultad: ✹

Mira los dibujos de la derecha durante un minuto y trata de memorizarlos.

Cuando transcurra ese minuto, vuelve la hoja, deja pasar 10 segundos y contesta el pasatiempo 4b.

Pasatiempo 5

SEÑALES DE TRÁFICO

Dificultad: ✸

Seis de las doce señales de la derecha son falsas. Márcalas.

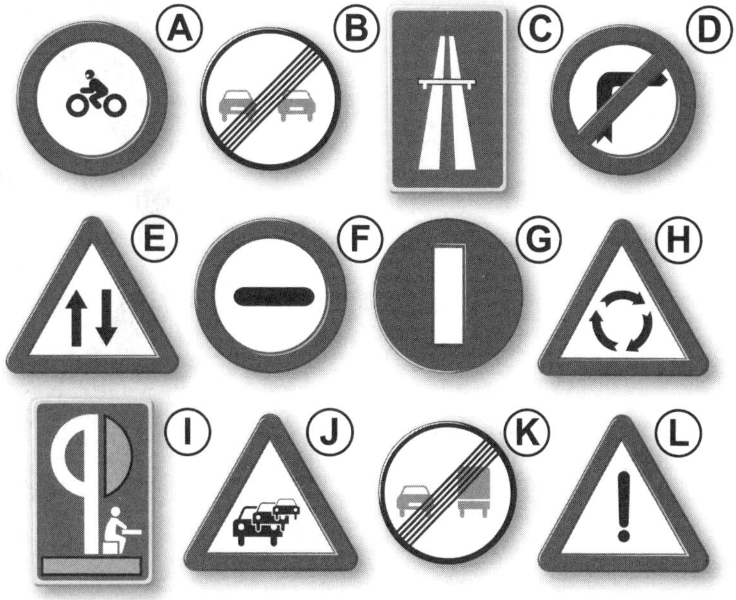

Tu tiempo:

Pasatiempo 6

MALETINES

Dificultad: ✸✸

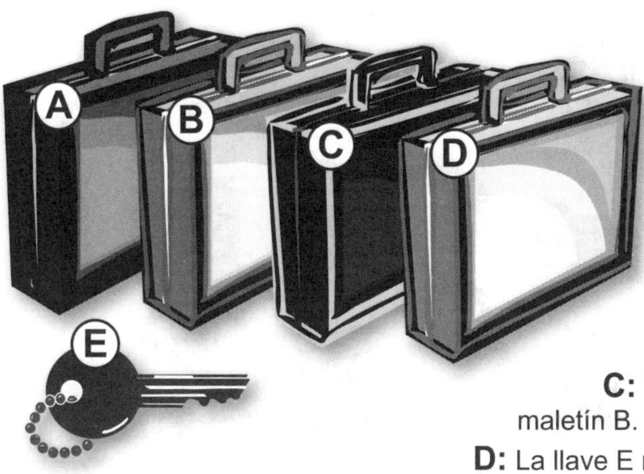

Uno de estos maletines tiene dinero y los otros esconden una llave. Cada llave sólo abre un maletín y es preciso abrir todos los maletines para llegar al del dinero.

Tienes que encontrar el maletín del dinero contando con las pistas que a continuación te proporcionamos para cada maletín y la llave:

A: La llave que se encuentra en mi interior abre el maletín del dinero.

B: Hay que abrir este maletín antes de encontrar el dinero.

C: La llave que se encuentra en mi interior abre el maletín B.

D: La llave E no me abre.

Tu tiempo:

Pasatiempo 7

DIANA

Dificultad: ✸

Suma 50 puntos con el menor número de lanzamientos de dardos.

🕐 Tu tiempo: ☐

Pasatiempo 4b

RECUERDA [2]

Marca los dibujos que identifiques de la página 20, evidentemente sin volver la hoja hasta que termines o te rindas.

Pasatiempo 8

CINCO VOCALES

Dificultad: ✹✹

Cada fila se corresponde con una palabra que contiene las 5 vocales. Cada vocal se corresponde con un símbolo, siempre el mismo. Los cuadrados grises son las consonantes. Como pista, a un mismo número siempre le corresponde la misma letra.

Tienes que descubrirlas todas.

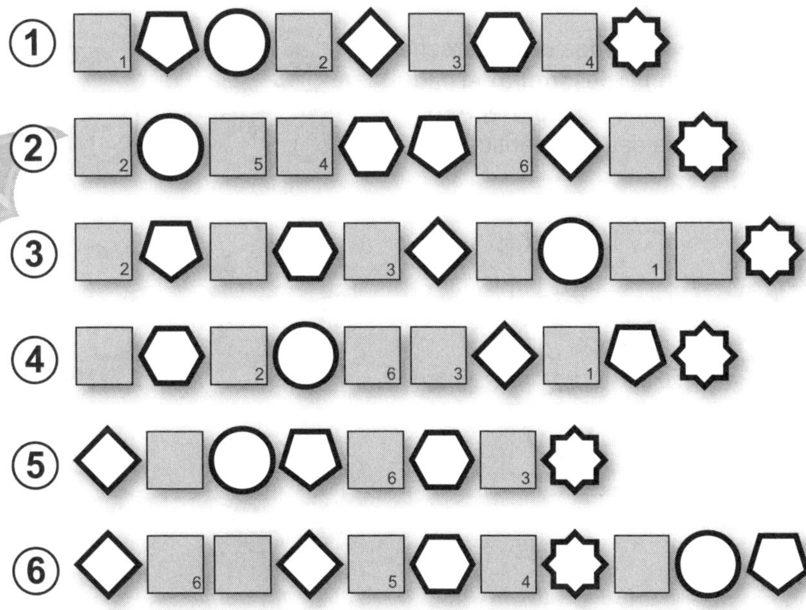

⏱ Tu tiempo:

Pasatiempo 9

TRAGAPERRAS

Dificultad: ✹

Esta máquina tragaperras da los premios siguiendo los siguientes criterios:

1: Hay una única combinación ganadora.

2: Cada dibujo coincidente con dicha combinación, que no se encuentre en la posición correcta, la máquina lo premia con una moneda.

3: Da 2 monedas cuando dicho dibujo coincidente está en la posición correcta.

Encuentra la combinación ganadora.

⏱ Tu tiempo:

Pasatiempo 10

DADOS SIMBÓLICOS

Dificultad: ✹✹

Sólo 3 de los dados de la derecha corresponden al desarrollo del dado que te mostramos abajo. Tienes que encontrar los dados auténticos.

Tu tiempo: ______

Pasatiempo 11a

MEMORIA

Dificultad: ✹✹

Observa el dibujo de la derecha durante 30 segundos y trata de memorizarlo.

Cuando pase el tiempo vuelve la página, deja pasar 10 segundos y contesta la segunda parte de este pasatiempo 11.

Pasatiempo 12

CUENTAKILÓMETROS

Dificultad: ✹✹

Éstos son los cuentakilómetros de dos coches diferentes. Cada uno de ellos marca un kilometraje distinto.

Tienes que descubrir cuál fue el último capicúa que marcó cada uno de ellos (A y C) y cuál será el próximo (B y D)

Ⓐ

Ⓑ

Ⓒ

Ⓓ

Tu tiempo:

Pasatiempo 13

DIFERENCIAS REALES

Dificultad: ✹✹

Estas dos cartas de la baraja se diferencian entre sí nada menos que por 9 detalles.

Encuéntralos todos.

Tu tiempo:

Pasatiempo 14

INVENTOS E INVENTORES

Dificultad: ✹✹

A la izquierda tienes nombres de inventores y, a la derecha, descubrimientos. Ambas columnas están ordenadas alfabéticamente.

Tienes que establecer la correspondencia correcta, anotando la letra adecuada frente a cada inventor.

Tu tiempo: ☐

BELL	☐	A	**AUTOGIRO**
BRAILLE	☐	B	**CINEMATÓGRAFO**
BUNSEN	☐	C	**DINAMITA**
COLT	☐	D	**DIRIGIBLE**
DE LA CIERVA	☐	E	**ESCRITURA PARA CIEGOS**
EDISON	☐	F	**GLOBO AEROSTÁTICO**
EINSTEIN	☐	G	**GRAMÓFONO**
FLEMING	☐	H	**GRAVITACIÓN UNIVERSAL**
FRANKLIN	☐	I	**HELICÓPTERO**
GALILEO	☐	J	**IMPRENTA**
GUTEMBERG	☐	K	**MÁQUINA DE COSER**
LUMIERE	☐	L	**MECHERO DE GAS**
MONTGOLFIER	☐	M	**PARARRAYOS**
NEWTON	☐	N	**PENICILINA**
NOBEL	☐	O	**RAYOS X**
PERAL	☐	P	**RELATIVIDAD**
ROENTGEN	☐	Q	**REVÓLVER**
SIKORSKY	☐	R	**SUBMARINO**
SINGER	☐	S	**TELÉFONO**
ZEPPELIN	☐	T	**TELESCOPIO**

Pasatiempo 11b

MEMORIA

Dificultad: ✹✹

Sin volver a la página 24, contesta a las siguientes preguntas.

Ⓐ ¿Cuántas velas encendidas hay? ☐

Ⓑ ¿Cuántas flores hay encima de la mesa? ☐

Ⓒ ¿Qué cubiertos hay junto al plato? ☐

Ⓓ ¿Qué hay a la izquierda de la flor? ☐

EVALUACIÓN

DE LOS RESULTADOS DEL TEST INICIAL

Tabla A

Nº	Nombre	Tu tiempo	Tiempo máximo
1	**SÍMBOLOS**		1 minuto
2	**LETRAS**		1 minuto
3	**CADENAS HEXAGONALES**		1½ minuto
4	**RECUERDA**		-
5	**SEÑALES DE TRÁFICO**		1 minuto
6	**MALETINES**		3 minutos
7	**DIANA**		1 minuto
8	**CINCO VOCALES**		3 minutos
9	**TRAGAPERRAS**		3 minutos
10	**DADOS SIMBÓLICOS**		2 minutos
11	**MEMORIA**		-
12	**CUENTAKILÓMETROS**		2 minutos
13	**DIFERENCIAS REALES**		1 minuto
14	**INVENTOS E INVENTORES**		4 minutos
		TOTALES PARCIALES	

Evaluación de resultados

Tal vez tengas ganas de saber cómo te ha salido el test. Ahora es el momento de corregir. Para ello necesitamos que consultes las soluciones en la página 191. A partir de ellas, vas a tener que ir rodeando con un círculo las puntuaciones de la Tabla A en el caso de que tu respuesta coincida con la solución. Si te fijas, hay un número más pequeño junto a la puntuación de cada columna. Has de rodear ésta también en caso de que tu tiempo sea inferior al tiempo máximo. Fíjate que en los pasatiempos 4 y 11 no existe esa posibilidad, por lo que sólo rodearás el número en caso de acierto.

Atención		Lenguaje		Memoria	Conocimientos generales		Cálculo		Orientación espacial		Lógica		
4	2	-		-	-		-		-		-		
-		**4**	2	-	-		-		-		-		
-		-		-	-		-		**4**	2	-		
-		-		**4**	-		-		-		-		
-		-		-	**4**	2	-		-		-		
-		-		-	-		-		-		**6**	3	
-		-		-	-		**4**	2	-		-		
-		**6**	3	-	-		-		-		-		
-		-		-	-		-		-		**4**	2	
-		-		-	-		-		**6**	3	-		
-		-		**6**	-		-		-		-		
-		-		-	-		**6**	3	-		-		
6	3	-		-	-		-		-		-		
-		-		-	**6**	3	-		-		-		TOTAL

Una vez que hayas corregido todos los pasatiempos suma las puntuaciones de cada una de las columnas. Éstas corresponden a una capacidad representada por un símbolo. De esta forma puedes ver por separado cuál ha sido tu puntuación en cada una de ellas, así como el total sumando los resultados parciales obtenidos.

Las diferentes capacidades que has trabajado en el test son 7 y han hecho que tu cerebro activara diferentes áreas para resolver la tarea propuesta. A pesar de que no siempre es fácil evaluar estas capacidades por separado ya que muchas veces se apoyan unas en otras, en el test hemos procurado proponerte pasatiempos que trabajaran preferentemente un área en concreto. En la tabla A hemos escrito, debajo de cada símbolo, la capacidad correspondiente. A partir de los resultados que has sacado, te vamos a recomendar una sección diferente del "Área de Entrenamiento" para que te prepares primero en aquello que más necesitas. No te preocupes si tu puntuación en el test inicial no ha sido demasiado buena. De hecho, este libro se propone que entrenes el cerebro a partir de cualquier nivel. Si no has empezado demasiado bien, quizás necesites emplear más tiempo en el entrenamiento que otra persona que haya tenido mejores resultados. Pero los dos vais a tener que emplearos a fondo en la resolución de los pasatiempos del libro para poder afrontar con éxito la última prueba: el test final. Te recomendamos que para enfrentarte a él te pasees antes por todas las secciones del libro, completes sus pasatiempos y entrenes a fondo el cerebro, ya que, después de completarlo, también obtendrás una puntuación. Si te parece más interesante, puedes competir con tu familia o compañeros para ver quién se proclama vencedor.

A lo largo de tu entrenamiento, junto a los pasatiempos de las diferentes secciones, los símbolos te indicarán la capacidad que estás trabajando con ese ejercicio. La que se muestra a la izquierda y más marcada será la principal, mientras que las restantes también están presentes pero con menor protagonismo. También encontrarás niveles de dificultad baremados con puntos.

¿Tienes ganas de empezar con tu gimnasia cerebral? Pues comencemos analizando tus resultados.

ATENCIÓN Pasatiempos 1 y 13

La atención es una capacidad básica de la que dependen otras capacidades como el lenguaje, la memoria, el cálculo... Es la que dirige nuestros sentidos hacia un estímulo en concreto para poder operar con él. El hecho de que ésta funcione correctamente dependerá de nuestra personalidad, de si estamos cansados o no, de nuestra motivación en la tarea... pero también se puede aprender a mantenerla y ejercitarla debidamente. Si has tenido unos resultados desastrosos en este apartado, será mejor que pases a la página 35 y conozcas un poco mejor sus mecanismos.

LENGUAJE Pasatiempos 2 y 8

Con el lenguaje damos nombre a lo que nos rodea, lo pensamos, lo sentimos y lo expresamos. Es el sistema de comunicación del ser humano para poder relacionarse con sus semejantes, pero a la vez es el sistema que le ayuda a comunicarse consigo mismo. Es una capacidad casi tan importante como la anterior, así que no está nada mal que la ejercites si has tenido malos resultados en el test. Ve a la página 47.

MEMORIA Pasatiempos 4 y 11

La memoria es la capacidad que nos permite aprender, guardar, mantener y recuperar la información. La falta de memoria no tiene por qué ser debida a un trastorno orgánico. En ello influyen factores como la motivación, el estado afectivo, la atención que estemos prestando, el nivel de inteligencia... Existen varios tipos de memoria. Los puedes encontrar en la página 61 junto a pasatiempos que trabajan en concreto la memoria a corto plazo.

CONOCIMIENTOS GENERALES Pasatiempos 5 y 14

En este apartado trabajas también la memoria, pero otro tipo diferente a la anterior: la memoria a largo plazo. Por conocimientos generales entendemos toda esa información que retienes en el cerebro y que hace referencia a la realidad sociocultural de lo que te rodea. Puedes ser una persona aislada que ignora los telediarios, los periódicos y cualquier medio que te mantenga comunicado con el mundo. Eso no significa que no tengas conocimientos generales, ya que desde que naces, con la experiencia, vas acumulándolos. Sin embargo, si ése es tu caso, no te irá nada mal pasarte por la página 77 y salir un poco de la burbuja.

CÁLCULO Pasatiempos 7 y 12

Es la capacidad para contar, manejar medidas, realizar operaciones aritméticas y calcular proporciones tanto manual como mentalmente. Está estrechamente ligada con las anteriores capacidades y depende de las funciones ejecutivas que son actividades mentales complejas necesarias para planificar, organizar, guiar, revisar, regularizar y evaluar el comportamiento necesario para alcanzar metas. En el capítulo sobre Cálculo encontrarás pasatiempos que te permitirán trabajar esta capacidad. Ve a la página 91.

ORIENTACIÓN ESPACIAL Pasatiempos 3 y 10

Es la capacidad cognitiva que te permite evaluar la relación que existe entre el medio que te rodea y tu cuerpo, ayudándote a localizar y orientar tu persona en el espacio. Además, te permite imaginar rotaciones de objetos en dos o más dimensiones, interpretar mapas, aparcar sin abollar el coche, lanzar a alguien un objeto con la fuerza adecuada... Respecto a esta capacidad, existen estudios que demuestran diferencias entre sexos debido a la desigual fisiología de ambos cerebros. En cualquier caso, no es una capacidad que no se pueda entrenar, por lo que, si eres de los que te perderías en una habitación de un metro cuadrado, te aconsejamos ir a la página 105 para que mejores en este aspecto.

LÓGICA Pasatiempos 6 y 9

Es la capacidad que nos permite explicar los fenómenos que ocurren en la naturaleza. El ser humano, a lo largo de la historia, ha ido adquiriendo conocimientos gracias a la ciencia, que sigue las leyes de la lógica. Ésta es la que regula las condiciones que deben cumplirse para que un conocimiento, cualquiera que sea su contenido, pueda considerarse como verdadero y bien fundado. Gracias a la lógica generalizamos, inferimos, planificamos, ordenamos, encontramos criterios, predecimos fenómenos y ganamos poco a poco la partida a lo desconocido.

Si te costó resolver los pasatiempos del test, en la página 119 podrás encontrar la forma de mejorar en esta área.

ENTRENAMIENTO

CAPACIDADES

- **Atención**
- **Lenguaje**
- **Memoria**
- **Conocimientos generales**
- **Cálculo**
- **Orientación espacial**
- **Lógica**

- **Creatividad**
- **Humor**

ATENCIÓN

PASATIEMPOS

- Estampida
- Acuario
- Iconos informáticos
- Barcos
- Helados

Atención

> *Hay que atender no sólo a lo que cada cual dice, sino a lo que siente y al motivo porque lo siente.*
> **Marco Tulio Cicerón**
> (106-43 A.C.) Filósofo, escritor, orador y político romano.

La atención es una capacidad mediante la cual ponemos en marcha unos procesos que nos permiten ser más receptivos a un determinado estímulo, pudiendo realizar con él una tarea de forma eficaz. Ese estímulo puede ser tanto externo (un libro de texto) como interno (un pensamiento o sentimiento). Es como el zoom de la cámara: ante un sinfín de estímulos ambientales, focalizamos de forma que sólo atendemos a uno en concreto.

Cuando ésta permanece orientada hacia algo de forma continuada en el tiempo, estaremos hablando de concentración. En este caso, se produce un gasto de energía y dedicación extra que hace que el sujeto pueda tener un mayor control sobre el estímulo para observarlo, analizarlo con exactitud, escucharlo, palparlo, asimilarlo, memorizarlo... Si este estado se prolonga excesivamente en el tiempo, iremos perdiendo efectividad, ya que es imposible mantener la concentración indefinidamente.

La atención puede ser espontánea o voluntaria. En el primer caso se producirá en aquellas situaciones en las que nos topamos con estímulos que no pasan desapercibidos (un camión de bomberos haciendo sonar la sirena, un dolor intenso en la barriga, un anuncio de televisión impactante o un hombre/mujer atractivo/a). Estos estímulos desviarán nuestra atención, harán que nos centremos en ellos durante un tiempo corto y respondamos en consecuencia (apartar nuestro coche, ir al médico, mirar la televisión o pedirle el teléfono). En el segundo caso, la atención voluntaria, necesitaremos invertir algo más de energía y esfuerzo y, sobre todo, necesitaremos hacer uso de la concentración para poder llegar a lo que nos proponemos (para aprobar un examen necesitaremos invertir horas y esfuerzo estudiando y asimilando la información del libro de texto, o, de otra forma, invertir horas y esfuerzo resumiendo y plasmando la información en una chuleta).

Existen elementos que determinan la concentración:

La motivación, interés y expectativas. No siempre estamos motivados a la hora de atender a cierto estímulo. El grado de interés y expectativas que tengamos hacia eso que tenemos que atender hará que le prestemos más o menos atención. Para conseguir ampliar la motivación hacia determinada tarea, será preciso hacer una reflexión sobre lo beneficioso que para nosotros puede ser llegar al término de esa tarea. Por ejemplo, llegar a ser conscientes de que invertir energía y esfuerzo en estudiar una materia aburrida nos va a ser útil para conseguir un título y permitir realizarnos profesionalmente.

Las preocupaciones. Los problemas familiares, afectivos, económicos... suelen distorsionar la atención sobre una tarea que nos ocupa. Para conseguir reducir esta presión, será necesario asimilar que es preferible abordar los problemas por separado y en el momento que les corresponda. De nada sirve que se dispare nuestro nivel de ansiedad por un tema que no tiene nada que ver con lo que estemos haciendo en ese momento: centrarse en el aquí y ahora y poder desconectar de todo lo ajeno a la tarea.

El ambiente. Muchas veces intentamos realizar tareas que requieren una concentración elevada en un ambiente repleto de estímulos distractores. Para estudiar álgebra será preferible que busques un sitio cómodo, silencioso e iluminado antes que irte a un banco de la plaza más concurrida de la ciudad a la hora que empieza a anochecer.

La fatiga. Como dijimos, es imposible concentrarnos de forma continuada. Se calcula que nuestro organismo puede mantener esta tarea durante unos 45-50 minutos. Pasado este tiempo, necesitaremos un tiempo de descanso que reponga el cansancio acumulado. La pérdida de energía también se recupera con una buena alimentación. En general, las personas que duermen adecuadamente, llevan una buena dieta y realizan deporte regularmente tienen más posibilidades de tener una buena capacidad atencional.

Para reducir lo infinito a lo finito, lo inasequible a lo humanamente real, no hay más que un camino: la concentración.

Teófilo Gautier
(1811-1872) Escritor francés.

La atención es la llave de entrada de muchas otras capacidades cognitivas. Sin ella poco se puede decir del cálculo, el lenguaje, la memoria... Es como una aduana que ejerce control sobre todo aquello que va a ser utilizado por las otras capacidades y sin la cual nos veríamos abocados a un auténtico desorden.

La percepción, proceso a través del cual nuestro cerebro realiza representaciones neuronales de los objetos a los que prestamos atención, es una de las capacidades que guarda estrecha relación con la de este capítulo. La percepción se encarga de integrar, reconocer e interpretar las sensaciones que nos llegan a través de los sentidos y pueden proceder tanto del ambiente externo (exterocepción) como de nosotros mismos (propiocepción). Sobre este proceso existen muchas imágenes que retan las leyes de la percepción y producen una sensación de contradicción y confusión. Es el caso de la figura de la izquierda en la que no se sabe qué mano pinta a la otra. Hay muchas imágenes ambiguas en las que el magnífico dibujante M.C.

Escher es un auténtico experto. Prueba a interpretar la litografía *Cascada*, que hizo este pintor en 1961.

¿Cómo es posible que el canal de agua suba de nivel para precipitarse en cascada cuando da la sensación de que el sentido del agua es completamente diferente?

Existen patologías asociadas a la atención que demuestran que su carencia o mal funcionamiento puede ocasionar graves trastornos que dificultan la adaptación del sujeto al medio. Por ejemplo, las personas con demencias como el Alzheimer suelen tener afectada la atención desde estadios muy recientes con lo que será muy común que cuando esté realizando una actividad se despiste o la deje a medias para hacer otra, y que cuando esté llevando a cabo una conversación cambie de tema, se vaya por las ramas o pregunte algo que ya se ha dicho.

La depresión también presenta una atención distorsionada, al igual que otros trastornos específicos como la aprosexia (falta absoluta de atención), hipoprosexia (atención pobre con tendencia a la distractibilidad) y la hiperprosexia (especial aumento de la atención) que pueden aparecer también en el TDAH (Trastorno por déficit de atención con o sin hiperactividad). Este último es un trastorno de origen neurobiológico que se caracteriza por déficit de atención, impulsividad y/o hiperactividad excesiva. Se diagnostica en niños y puede ser una causa directa de fracaso escolar.

Como puedes comprobar, la atención es una capacidad esencial para adaptarnos a nuestro medio. Un buen uso de ella te permitirá asimilar la información que te rodea para realizar la conducta más adecuada. Eso se extrapola también a tu vida social. Si te dedicas a invertir atención en tu pareja, tus compañeros o familiares, observando su conducta, asimilando la expresión de sus sentimientos, comprendiendo su realidad y sus circunstancias, podrás obrar en consecuencia con mucha más información de la que tenías anteriormente y por tanto con mayor posibilidad de tener una vida social exitosa y eficaz. Además, en todos estos casos, la atención invertida será recíproca y te sentirás mucho más respaldado y comprendido.

Para que tu cerebro comience a descubrir los beneficios de una atención bien entrenada te proponemos una serie de pasatiempos que inciden directamente en esta capacidad.

¡A trabajar!

El mejor regalo que podemos darle a otra persona es nuestra atención íntegra.

Richard Moss
(1950-) Médico estadounidense.

Pasatiempo 15

ESTAMPIDA

Dificultad: ✹

¿Cuántos animales cuentas en el dibujo de la figura A?

Estamos seguros de que puedes identificarlos todos por sus nombres. ¿Sabes cuántos mamíferos hay?

Para rematar, ¿podrás decir cuántos animales de la figura A están en la B? ¿Y decir los nombres de los animales de B que no están en A?

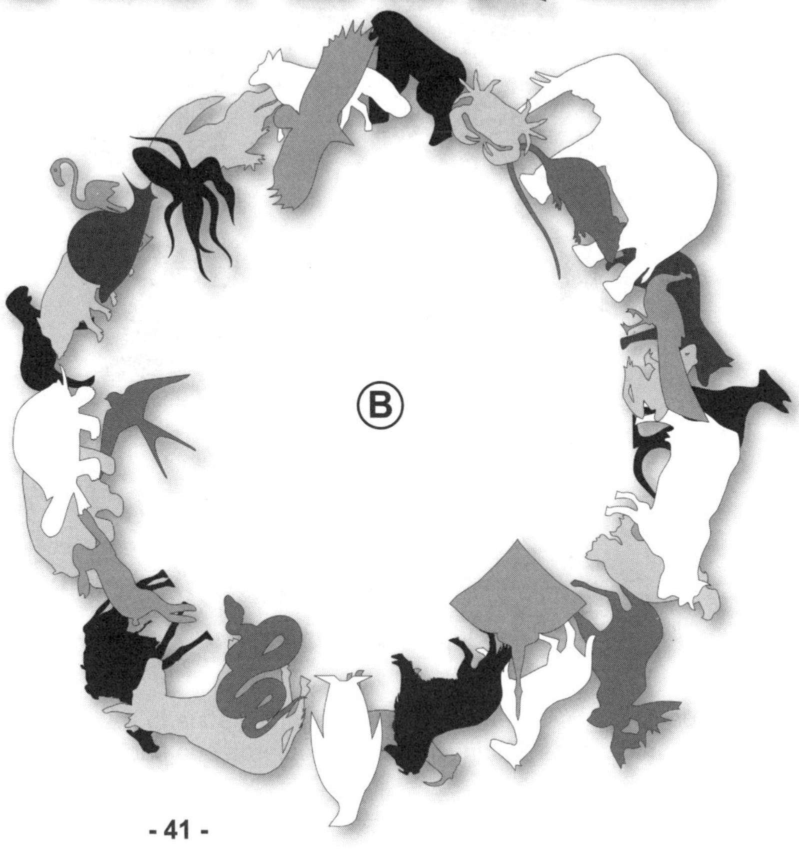

Pasatiempo 16

ACUARIO

Dificultad: ✹✹

1: ¿Cuántos peces cuentas en este magnífico acuario?

2: ¿Hay más peces nadando hacia la izquierda que hacia la derecha?

Pasatiempo 17

ICONOS INFORMÁTICOS

Dificultad: ✹

Todos los iconos están repetidos 2 veces, a excepción de 6 de ellos que se repiten 3 veces.

Cuidado con los girados y con los “muy parecidos”.

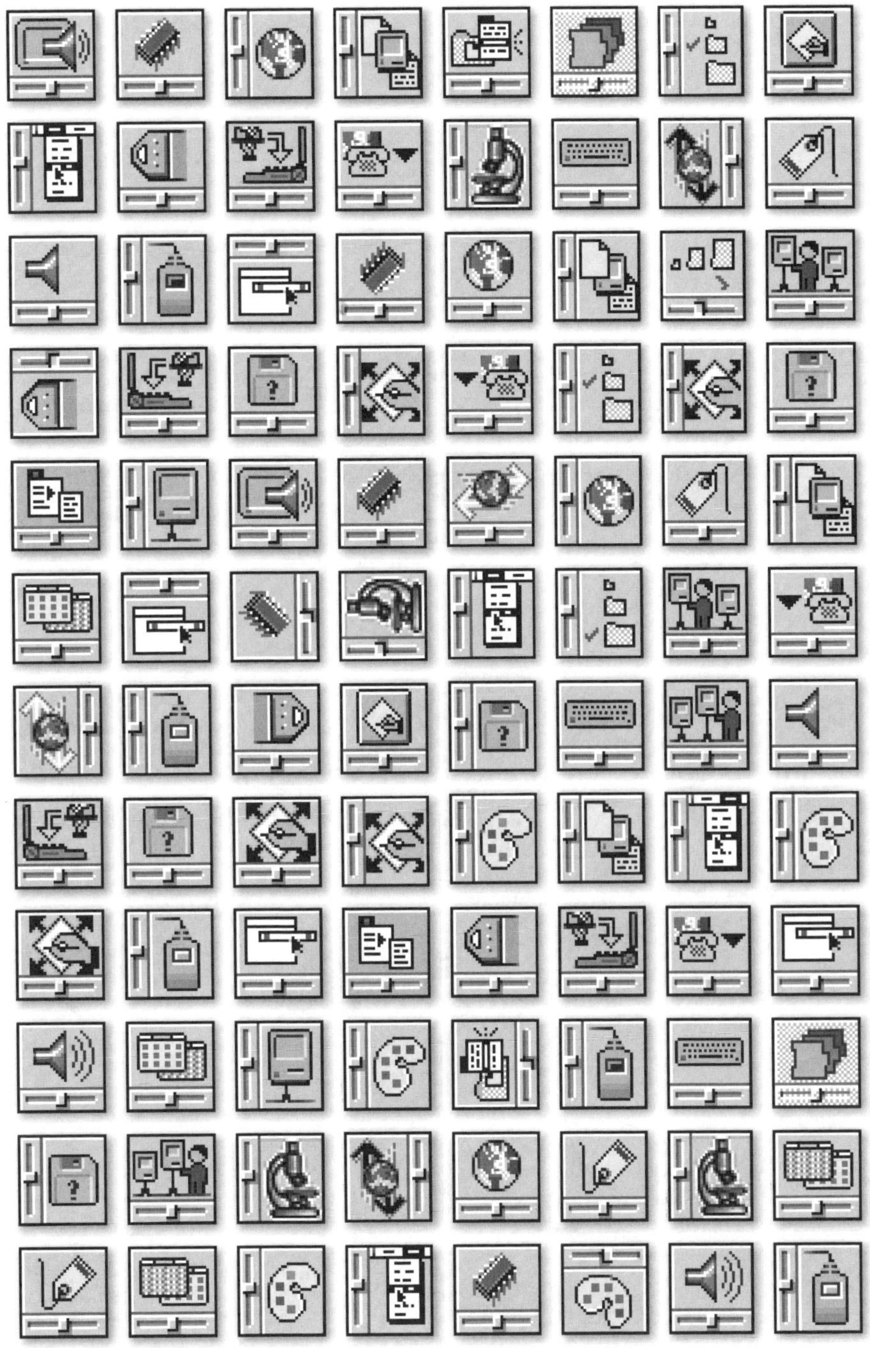

Pasatiempo 18

BARCOS

Dificultad: ✹

¿Cuál es el barco repetido?

Pasatiempo 19

HELADOS

Dificultad: ✹

Entre estas dos imágenes hay 7 diferencias, algunas de ellas muy sutiles. Todo un reto para la vista.

LENGUAJE

PASATIEMPOS

- **Sopa de frutas**
- **Arabesco**
- **Cruzada zodiacal**
- **Anagramas de famosos**
- **Cuatro en raya**
- **Crucigrama**
- **Criptograma**
- **Anillos**
- **Bandas**
- **Autodefinido**

Lenguaje

> *Algunas personas fascinan con el beso, la palabra y un tacto que excita hasta la materia más ciega. Son seres humanos que palpitan con la vida sin permitirse descanso.*
>
> **Elena Ochoa**
>
> (1958-) Sexóloga española.

La era que nos ha tocado vivir es sin duda la de la información. Diariamente somos víctimas de un bombardeo incesante de información. Nada mas levantarnos, escuchamos por la radio o la televisión las noticias de lo que sucede en nuestro país y en el resto del mundo. En el metro, leyendo el periódico, seguimos procesando conocimientos sobre la actualidad. En la oficina, al conectarnos a Internet, continuamos asimilando datos de la temática más dispar. Somos capaces de transmitir y recibir ideas, hechos y conceptos de una forma rápida con un individuo o un colectivo de ellos que esté en cualquier parte del mundo.

La capacidad indispensable para esta tarea es la que el ser humano ha ido adquiriendo y desarrollando a lo largo de su evolución: el lenguaje.

Mediante el lenguaje entablamos una interrelación de información que nos permite expresar sentimientos, influir en el otro, solucionar conflictos, generar acción, enseñar valores, transmitir ideas a generaciones futuras o entender lo que pasa por nuestro interior. Es una capacidad de nuestro cerebro que influye y es influida por otras como la memoria, el razonamiento, la orientación o la creatividad. Por eso es imposible disociarla y trabajar con ella aisladamente, ya que son muchas las áreas del cerebro que intervienen en este proceso tan complejo. En todos los pasatiempos que vas a ver en este libro, aparece una consigna o enunciado que te permite comprender qué tarea tienes que hacer. Sin el lenguaje, esa capacidad que te permite, en este caso, descodificar la información simbólica que está observando tu sentido de la vista y convertirla en una interpretación llena de significado sería imposible que pudieras tener éxito en tu tarea.

A pesar de que parezca una capacidad que nos ha venido dada desde un principio, la realidad es bastante diferente. Como leíamos en la introducción de este libro, el cerebro del recién nacido no está desarrollado completamente. Todos sabemos que un bebé no habla hasta que ha transcurrido un tiempo considerable y la forma en que aparece esta capacidad no es repentina, sino gradual y lenta.

Cuando los bebés nacen, tienen la laringe dispuesta de forma que pueden respirar y ser amamantados a la vez. Con ello tienen menos riesgo de atragantarse y morir por asfixia; sin embargo, esto les imposibilita expresar sonidos del lenguaje. Es a partir del año y medio cuando la laringe del bebé comienza a posicionarse de forma similar a los adultos, preparando así su aparato fonador para la futura adquisición y expresión del lenguaje.

De nada serviría un aparato fonador preparado sin un cerebro igualmente preparado. El del bebé, en ese periodo, y en constante interacción con el medio, va a caracterizarse por una intensa actividad destinada a desarrollar el lenguaje de forma que el niño poco a poco va a ir pronunciando palabras inventadas con significado, va a interpretar y emitir gestos como el saludo, va a comprender lo que se le dice y va a comenzar a utilizar esas palabras, aprendiendo la sintaxis y más tarde la gramática.

De esta forma, y después de un proceso de años, el cerebro adulto estará capacitado para poder utilizar el lenguaje como herramienta indispensable en su medio. La utilización del mismo y su estimulación continua serán condición indispensable para que su rendimiento sea óptimo.

Al envejecer solemos perder capacidad lingüística. No olvidamos el significado de las palabras pero sí nos cuesta acceder a ellas, con una sensación muy característica expresada con la frase “lo tengo en la punta de la lengua”. Debido a este problema de fluidez, solemos utilizar más palabras y explicaciones para un mismo tema cayendo en circunloquios y redundancias.

Sinónimo: palabra que escribe cuando se ha olvidado la ortografía de la palabra en la que se pensó primero.

Anónimo

Estos pequeños fallos normales del envejecimiento del cerebro pueden ser contrarrestados si establecemos un sencillo entrenamiento de nuestra capacidad lingüística. Si lo hacemos de forma periódica y constante, lograremos resultados significativos.

Por otra parte, existen numerosos trastornos del lenguaje causados por una lesión o una demencia que no son fruto de un envejecimiento natural y que nos demuestran que esta capacidad no es un proceso sencillo, sino que en ella intervienen diferentes áreas cerebrales.

En el siguiente dibujo te exponemos qué zonas se estimulan cuando estás realizando una tarea lingüística:

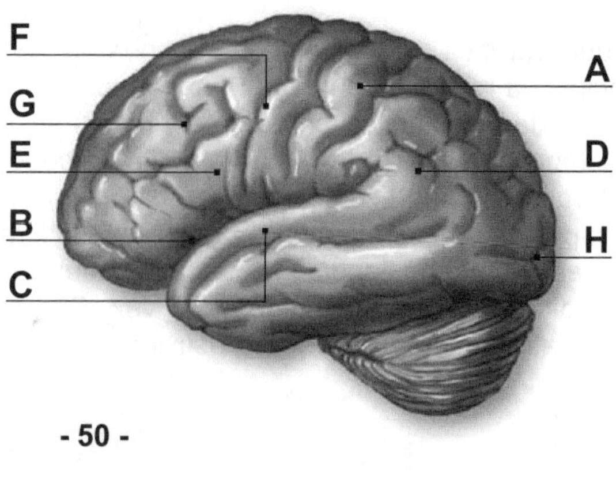

La imagen es un dibujo de la zona izquierda del cerebro. A nivel general, tanto el habla como la escucha, la lectura y la escritura se localizan en las dos cisuras principales de Rolando (A) y Silvio (B). Los estudios neurológicos han permitido descubrir unas zonas especializadas para cada una de estas capacidades lingüísticas. Por ejemplo, cuando escuchamos un mensaje oral, el giro de Heschl (C) es el encargado de la recepción y el área de Wernicke (D), de la comprensión. Si queremos responder a ese mensaje y lo hacemos mediante el habla, se cree que el mensaje se origina en el área de Wernicke y pasa al área de Broca (E), que será la encargada de codificarlo, y al área de control motor (F) situada frente a la cisura de Rolando, encargada de regular los órganos de la articulación. Si en vez de responder al mensaje de forma oral lo hacemos de forma escrita, se originará en una zona similar a la anterior, pero la zona encargada del control motor será el centro de Exner (G). Por último, cuando leemos en voz alta un mensaje, la forma escrita se recibe primero en el córtex visual (H) y luego se transmite al área de Wernicke donde se piensa que se asocia con una representación auditiva. La estructura de la emisión se envía al área de Broca y continuará el mismo proceso que en la producción del habla.

Cuando alguna zona de las que hemos visto se ve afectada a causa de un derrame cerebral, un accidente de coche, una demencia… los resultados pueden ser sorprendentes. Estaremos ante trastornos del lenguaje que, en muchas ocasiones, estarán limitando la capacidad comunicativa de las personas que lo sufren. A continuación te comentamos alguno de estos trastornos:

Afasia: problemas en la expresión y comprensión del habla. Puede ser de muchos tipos; en algunos casos, el paciente quiere pronunciar una palabra pero le sale otra que no tiene nada que ver, o comprende lo que le están diciendo pero no puede expresar su opinión. En otros casos, tal vez no comprenda lo que le dices pero sí puede repetir las palabras.

Normalmente, la afasia acostumbra a ir acompañada de:

Alexia: es la alteración adquirida de la capacidad de leer por parte de alguien que antes leía perfectamente. En estos casos, puede darse que el paciente es capaz de leer en voz alta pero incapaz de comprender lo que lee. Este trastorno está estrechamente ligado a la **agrafia** que es lo mismo que la anterior pero aplicado a la escritura. Aquí se produce una alteración del grafismo y de la selección y el encadenamiento de letras y palabras.

Para estimular tu lenguaje, tienes muchísimas oportunidades a lo largo del día. Puedes leer libros, organizar conferencias, resumir textos, aprender idiomas, escribir cartas y… ¡solucionar los pasatiempos que te proponemos a continuación!

> *La mayoría de las ideas fundamentales de la ciencia son esencialmente sencillas y, por regla general, pueden ser expresadas en un lenguaje comprensible para todos.*
>
> **Albert Einstein**
> (1879-1955) Físico alemán.

Pasatiempo 20

SOPA DE FRUTAS

Dificultad: ✹

Encuentra en esta sopa de letras las 21 frutas de la lista inferior.

M	U	V	A	S	H	J	S	T	D	P	V	Y
E	N	M	Y	H	K	T	F	D	L	D	P	T
L	W	P	E	I	U	O	R	A	F	K	W	R
O	P	U	W	L	L	T	T	Q	A	A	E	O
C	Z	I	E	H	O	A	U	R	S	Y	L	R
O	U	X	U	H	N	N	M	B	E	A	R	D
T	T	R	Q	O	P	E	R	A	U	P	V	O
O	Q	V	O	W	D	C	V	E	B	A	B	R
N	I	T	C	Q	I	G	R	H	M	P	G	E
X	U	A	I	T	D	Q	A	A	A	S	C	P
H	C	J	R	B	C	Z	I	Z	R	U	K	S
X	B	N	A	F	R	E	S	A	F	H	F	I
Q	J	A	B	A	R	A	N	D	A	N	O	N
A	K	R	L	M	C	S	P	I	Ñ	A	N	A
G	W	A	A	H	A	I	A	Z	S	Z	O	Z
F	J	N	E	S	O	N	R	N	Q	R	M	E
N	Z	G	X	L	H	F	Z	U	D	G	I	R
R	F	F	E	W	O	B	P	A	E	I	L	E
L	O	M	Z	B	U	K	K	K	N	L	A	C
A	O	J	E	T	G	T	F	C	N	A	A	R
P	L	V	I	G	R	A	N	A	D	A	J	D

MELÓN
SANDÍA
KIWI
FRESA
MANZANA
NARANJA
UVAS
MELOCOTÓN
CIRUELA
ALBARICOQUE
PLÁTANO
FRAMBUESA
ARÁNDANO
POMELO
LIMÓN
PIÑA
CEREZA
PERA
NÍSPERO
GRANADA
PAPAYA

Pasatiempo 21

ARABESCO

Dificultad: ✹✹

HORIZONTALES:

1. Utensilio de pesca. 3. Detrás. 5. Localidad gallega. 7. Estadounidense. 8. Solar de un edificio. 9. Que mea mucho. 10. Pequeño fuerte. 14. Estar contiguo. 16. Demandan algo. 18. Mostrador de un bar. 19. Reunión de gente que se divierte. 21. Bóvido del Tíbet. 22. Ganso. 23. La primera mujer.

VERTICALES:

1. Monarca. 2. Espeso, apretado 3. Determinar el modo de ejecutar una acción. 4. Pronunciación de la z como s. 5. Protuberancia roja de los gallos. 6. Parte pequeña de algo. 9. Lo contrario al bien. 11. Ni. 12. Abrigo impermeable. 13. Deprisa. 15. Hago ademán. 17. Preposición. 18. Chico inglés. 20. Ayuda del automovilista.

Pasatiempo 22

CRUZADA ZODIACAL

Dificultad: ✹

Coloca en esta cruzada once de los doce signos del zodíaco cuyos símbolos aparecen abajo. Con las letras de las casillas grises podrás componer el signo que falta.

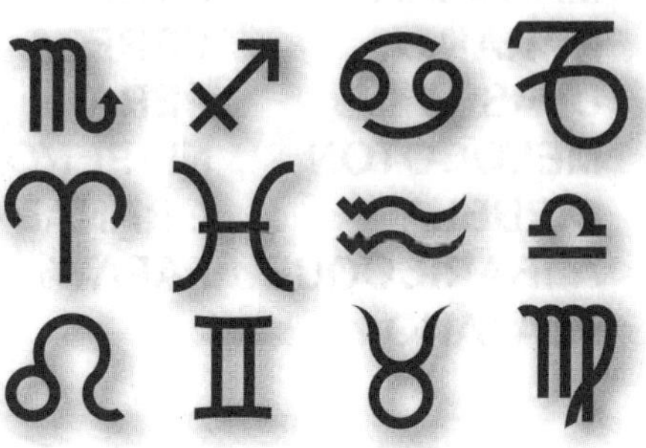

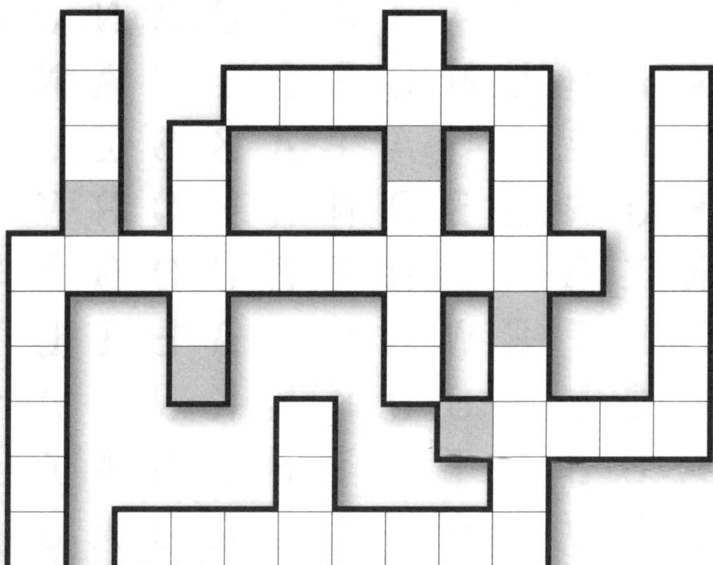

Pasatiempo 23

ANAGRAMAS DE FAMOSOS

Dificultad: ✹✹

Hemos cogido el nombre y el apellido de los personajes de la derecha y los hemos revuelto para volver a componer otros nombres ficticios. El objetivo es ordenar las letras para escribir correctamente cada uno de ellos.

(1) **ZALEGIZ QUEVEDO**

(2) **GINES THAWPHENK**

(3) **VERONIQUE FACCODS**

(4) **REMEI CYREDFRUD**

Pasatiempo 24

CUATRO EN RAYA

Dificultad: ✹✹✹

Sitúa palabras de 4 letras en las casillas numeradas, de tal forma que todas las que están en una misma línea contengan la letra que aparece marcada para esa línea.

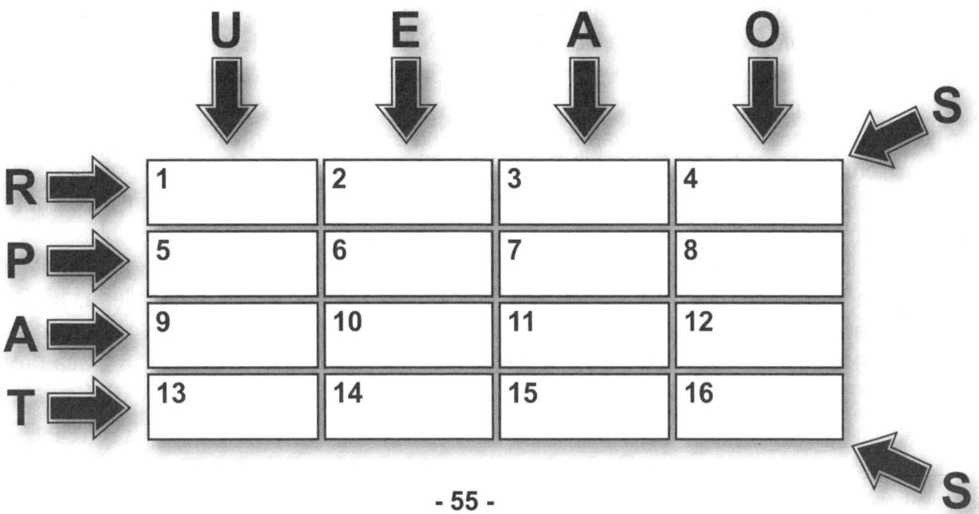

Pasatiempo 25

CRUCIGRAMA

Dificultad: ✹✹

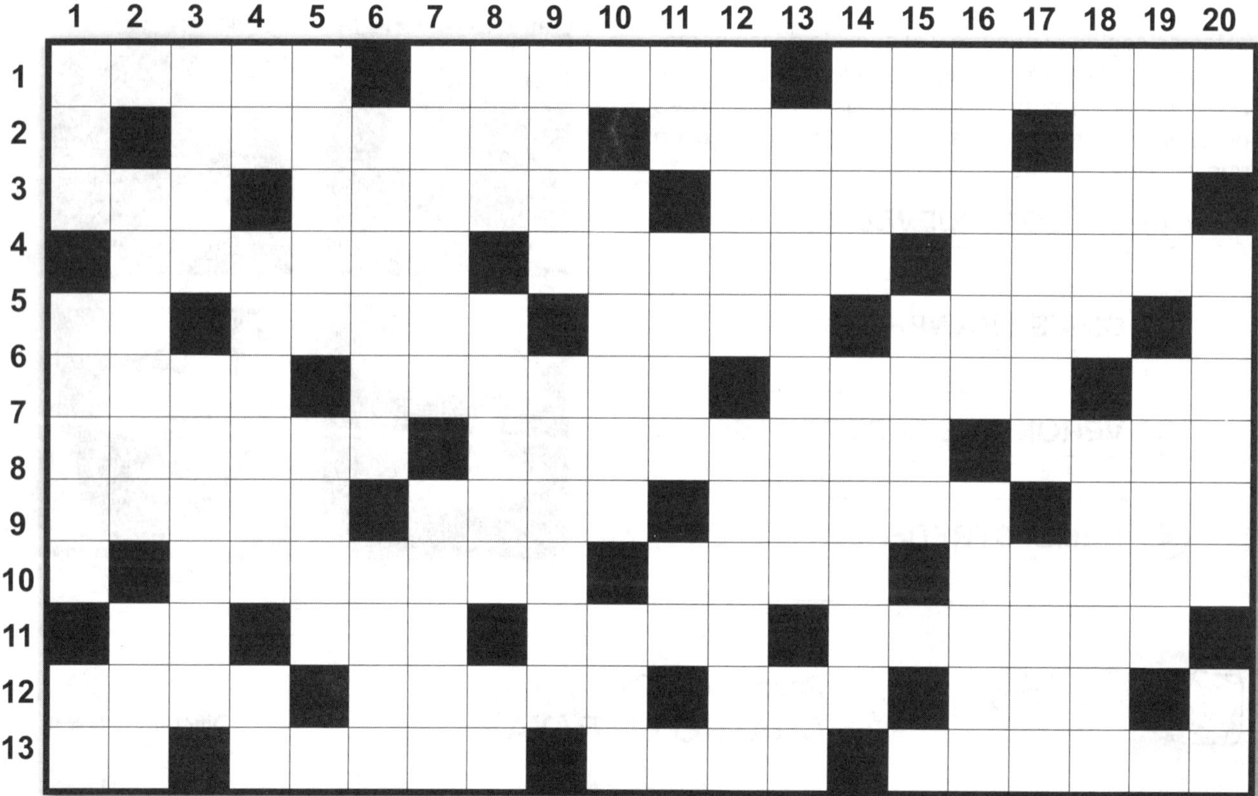

HORIZONTALES: 1. Mojao. Cortar enteramente. Gran viaje en barco. 2. Contraria, desfavorable. Fibra sintética. Mordí como el ratón. 3. Nave. Instrumento para derribar puertas. Usar. 4. Mujer que va a las fiestas de San Isidro. Rezarán. Pierde densidad. 5. Marchar hacia un lugar. Perdéis pie. Color. Da mala suerte. 6. Oración de los musulmanes. Nombre de varón. Natural de Irán. Interjección. 7. Reverencias con honor. Ponéis a buen recaudo. Estupefaciente de amapola. 8. Hombre de Dinamarca. Nombre de mujer. Bosque de eneas. Pronombre personal plural. 9. Amante de la comodidad. Proyecto, intención. Raza de perro. 10. Interjección. ¡Hala! Pedrea. Anular una norma establecida. 11. Existían. Galera. Hermana de tu padre. Celebré con risa. 12. Tuyo. Avaricioso. Antigua Tailandia. Que tiene muchas canas.

VERTICALES: 1. Preposición. Elevada. Mi casa... 2. Agitada, alterada. Juego del escondite. 3. País asiático. Pieza cortada muy fina y plana. 4. Locución latina. Relativo a Ícaro. Fam., nada. 5. Con forma de huevo. Enfermedad respiratoria. 6. Os equivoquéis. Nombre de mujer. 7. Nutrís y alimentáis. Inventar. 8. Demostrativo. Indicio, señal. Artículo. 9. Espacio corto de tiempo. Personaje fantástico. 10. Dispondrás eras. Igualdad en la superficie. 11. Preposición. Ave rapaz. Nombre de letra. 12. País de Oceanía. Se chiva. 13. Natural de Italia. Preposición latina. 14. Onomatopeya de una campanilla. Correa para gobernar la caballería. 15. Rollo. Tejido que usa el médico. 16. Juntarán. Apellido de escritor español. 17. Grosero, tosco. Alaben. 18. Vaca de menos de dos años. Copia de obras ajenas. 19. Caiga rocío. Carnívoro africano. 20. Percibí con el oído. Abundante en agua. Negación.

Pasatiempo 26
CRIPTOGRAMA

Dificultad: ✹✹

Cada casilla numerada contiene siempre la misma letra. Descubre la cita en las casillas blancas y su autor en las casillas grises inferiores.

7	14		21	26	17	7		7	22		7	14
	24	14	21	19	7	26		23	7		12	8
	7	22	24	15	26	15	17	12		1	12	7
	24	7	8	7	17	26	21		7	8		14
21		8	21	17	12	26	21	14	7	2	21	
4		23	7	22	19	12	9	26	7		1	12
7		17	21	25	9	15	7	8		7	22	17
21		17	15	7	8	7		21	14	25	21	
21	12	18	12	22	17	7		26	16	23	15	8

Pasatiempo 27
ANILLOS

Dificultad: ✹✹

Completa las casillas a partir de las definiciones y descubre una ciudad en las casillas grises.

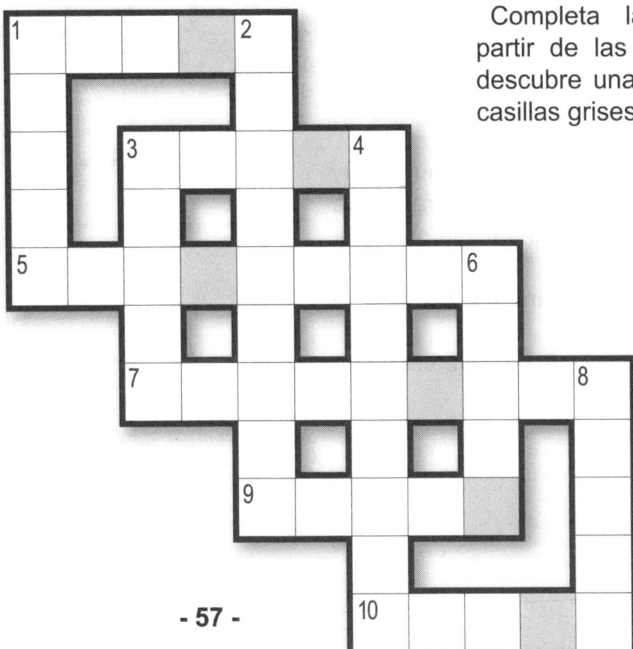

HORIZONTALES:
1. Bebida alcohólica.
3. Tipo de cante.
5. Alumbrada.
7. Cauce de desagüe.
9. Adornar.
10. Mastica por segunda vez.

VERTICALES:
1. De Ceuta.
2. Recluido dentro de límites.
3. Valle del Perú, muy rico.
4. Poner en riesgo.
6. Encender o avivar.
8. Saliente de la cabeza.

Pasatiempo 28

BANDAS

Dificultad: ✸

①

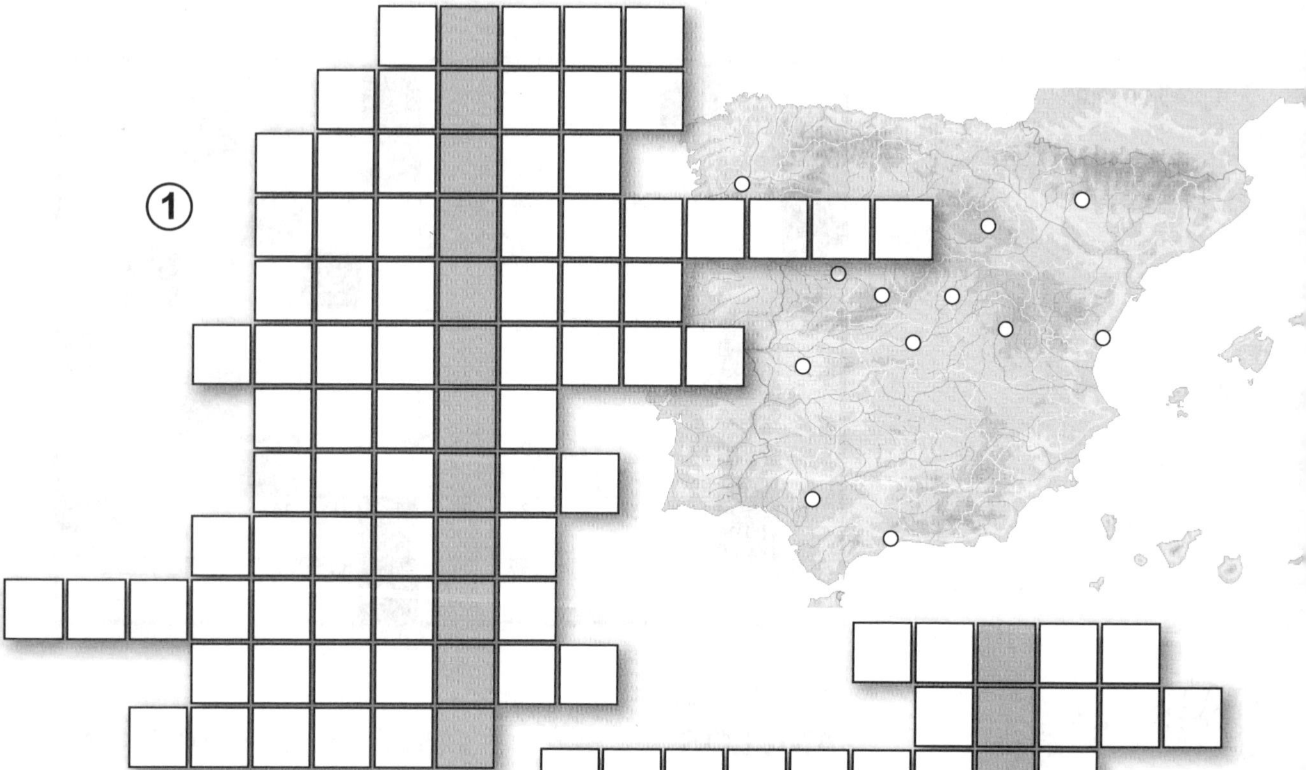

②

En cada uno de los pasatiempos hay que situar en horizontal palabras para poder leer en vertical, en la columna gris, otra palabra.

1. **Nombres de provincias**. En vertical un oficio.
2. **Los meses del año**. En vertical algo de más 60 minutos.

Pasatiempo 29

AUTODEFINIDO

Dificultad: ✹

QUE DISFRUTA DE UNA BECA / DISTRAES

MUJERES DE UN MUSULMÁN / ARTÍCULO

DE RAZA GITANA / EL APÓSTOL DEL BESO

PLANTA PARECIDA A LA BARILLA

PROVINCIA DE GALICIA / ¡ÁNIMO!

CONCEJAL / ATREVERSE

DESPROPÓSITO / CATEDRAL DE LA FOTO 4

CIUDAD DE LA FOTO 2 / ME CARCAJEÉ

NAVE

CIUDAD DE LA FOTO 1 / VALIENTE

TOSTARON, ABRASARON / UTILIZASTE

¡OTRA, OTRA! / DAR ASPECTO DE CROMO

MUJER DE SUDÁN / JARA Y...

VECES NOS EJAN AHÍ / OCINARÁ

HACES DE RANA / ¡MARCHA, CABALLO!

EL QUE TIENE LAS LIMOSNAS / CASI SÉPTIMO

DESTAQUE / EL DONOSTIARRA ES MUY FAMOSO

DE ORO, FEMENINO

¡NO TE MUEVAS MÁS!

NCUENTRO / IEDRA DE S COCINAS

DESATA

CONTAR, RELATAR

ADECUADAS / SEÑALA, FIJA

..Y NO MÁS, Sto TOMÁS / RIZO DEL CABELLO

ESO DE LA CADERA / AHORA

NO ESTÉ / ESCONDITE

HACER UNA COSA / LAS DOS PRIMERAS

GASTAS SUPERFICIALMENTE / A VOSOTROS

OXÍGENO / LIEMOS CON CUERDAS

EN LUGAR PÚBLICO / CASARÁS

PRIMERA NOTA / IUDAD DE A FOTO 3

COMÍA EL RATÓN

SITUAR / PUESTA DE SOL

PRIMERA PERSONA

CONTRACCIÓN / ALICANTE

¡QUÉ DOLOR!

IGNORANTE, FEMENINO

MONEDA ÚNICA

QUERER, ESTIMAR

¡PARA, CABALLO!

TE ATREVES / RELATIVO AL HUESO

MEMORIA

PASATIEMPOS

- Historia dibujada
- ¿Cómo te llamas?
- Relojes variopintos
- Palabras
- Vecinos

Memoria

> *Llegará un día que nuestros recuerdos serán nuestra riqueza.*
> **Paul Geraldy**
> (1855-1954) Escritor francés.

Si veíamos en el capítulo anterior que el lenguaje era la herramienta con la que procesábamos la información que nos llegaba del medio ambiente, en éste veremos cómo almacenamos esa información y qué formas diferentes tenemos de hacerlo.

En realidad, nuestra memoria es la que dicta nuestra identidad. Somos lo que somos gracias a lo que recordamos de nuestras vivencias, de nuestro pasado, de las personas que nos rodean, de nuestras relaciones con ellos… Si por un momento olvidáramos todo esto, nos sentiríamos desamparados y sin ningún apoyo. Imagina la horrible sensación de quien a su alrededor sólo identifica desconocidos y no encuentra nada familiar a lo que aferrarse, ni siquiera su propia cara al ser reflejada en un espejo.

A lo largo de la historia han sido muchos los estudiosos de esta capacidad cognitiva. Personajes como Aristóteles, Platón, Hobbes, Hume y Kant desarrollaron sus teorías filosóficas no siempre consensuadas discutiendo si la memoria era un proceso secundario a la percepción y por tanto el conocimiento respondía a la estructura con la que las cosas del mundo se nos presentaban o si, por el contrario, la memoria era un proceso que interactuaba con la percepción, lo que daba como resultado un conocimiento que era construcción del propio sujeto en base a la percepción que él tenía de las cosas.

A pesar de que la temática llevaba una larga tradición de estudio, no fue hasta 1879 cuando se decidió utilizar el laboratorio para abordar el "proceso mental superior" de la memoria. El filósofo alemán Hermann Ebbinghaus fue el primero en desarrollar un estudio experimental y desde él, y a lo largo del siglo XX, las grandes líneas de desarrollo de la Psicología lo investigaron. La de mayor importancia es la Psicología cognitiva para la cual la memoria no es una entidad simple o una "facultad" indivisible, sino un sistema multidimensional que abarca una serie de estructuras y procesos con propiedades bien diferenciadas.

Las estructuras son los componentes estáticos del sistema y se clasifican en memoria sensorial, memoria a corto plazo y memoria a largo plazo.

Los procesos hacen referencia a la actividad del sistema, las operaciones que éste realiza. Éstos son la codificación, el almacenamiento, la retención y la recuperación de información.

La memoria es la cartera de la vejez. Hay que llenarla.
Apolonio de Rodas
(295-215 a.C.) Poeta alejandrino.

Cuando un estímulo llega a nuestros receptores sensoriales como, por ejemplo, la vista, se produce una codificación, un almacenamiento y una retención. Esa información estará disponible hasta el momento que la queramos recuperar (aunque no siempre es tan sencillo).

Un paralelismo que la Psicología cognitiva ha utilizado no sólo para entender el concepto, sino para elaborar una importante línea de investigación (Inteligencia Artificial), es el de mente-computadora. Nuestra memoria sería como un disco duro en el que se introducen INPUTS por medio del software o receptor sensorial (teclado, escaner, usb...) y que son codificados y almacenados hasta el momento que se quieran recuperar.

A veces, cuando alguien nos está hablando y no le prestamos la suficiente atención, le decimos que nos repita, pero antes de que lo haga comprobamos que le hemos comprendido. Esto sucede porque existe una huella de memoria que nos permite recuperar la estimulación auditiva de la que acabamos de ser partícipes. Además de la auditiva, también podemos hablar de huella memorística de todos los receptores sensoriales (memoria sensorial), aunque las que más han sido objeto de estudio son la auditiva (ecoica) y la visual (icónica).

La publicidad subliminal basaba sus teorías en este proceso: un estímulo de duración muy breve era captado por nuestra memoria sensorial y sin pasar a un plano consciente se mantenía almacenado en nuestra memoria para influir en nuestra conducta de compra. En otros casos el mensaje está presente durante más tiempo y tampoco tenemos una percepción consciente de él. En los años 50 se hizo un experimento en un cine de Nueva Jersey en el que se presentaba durante breves fracciones de tiempo un mensaje subliminal: "¿Tienes hambre? Come palomitas. Bebe Cola". Los resultados demostraban que durante las seis semanas que duró el experimento las ventas de palomitas y de esa bebida aumentaron considerablemente. Experimentos posteriores no pudieron corroborar los mismos resultados concluyentes ni un efecto directo entre mensaje subliminal y conducta de compra. Incluso 30 años después el autor de estos experimentos reconoció haber sesgado los resultados para atraer la atención de las agencias de publicidad. En cualquier caso, algunos experimentos sí han demostrado que los mensajes subliminales pueden influir en las emociones y éstas son uno de los motores que nos impulsa a comprar.

Por suerte, la memoria visual sirve para más cosas que para ser víctima de las campañas de publicidad. Al alargar la duración de la estimulación, nos permite tomar decisiones incluso a partir de exposiciones breves de los eventos como ocurre, por ejemplo, cuando estamos conduciendo. También es muy práctica para acróbatas memorísticos, que, en sus exhibiciones, disponen únicamente de unos segundos para asimilar toda la información presente en una página de periódico, o un escaparate entero de números asignados a objetos. Por supuesto, estas personas cuentan con capacidades innatas que los aventajan considerablemente ante el resto de la población.

Después de que la información procedente de los sentidos ha sido procesada en la memoria sensorial, ésta desemboca en un departamento llamado Memoria a Corto Plazo (MCP). Por ejemplo, cuando nos dictan un teléfono de un amigo para llamarle y no lo apuntamos, tras recorrer la memoria ecoica, pasará a la MCP, donde estaremos repitiéndolo al menos hasta que lo marquemos, ya que el intervalo de retención es bastante breve (unos 15 segundos). Seguramente, después de hablar con nuestro amigo no recordaremos ninguno de los números que estuvimos repitiendo. Si por el contrario desde un principio repitiéramos el teléfono tantas veces como hicieran falta como para poder recordarlo después, habríamos conseguido que esa información pasara a la Memoria a Largo Plazo (MLP), y costaría mucho más olvidarlo.

En los estudios iniciales de la MCP, se estudió la dirección de la información en el sentido:

Información Externa ➔ Memoria Sensorial ➔ MCP ➔ MLP.

Sin embargo, conforme avanzaban las investigaciones se vio claramente que la MCP no podía ser considerada solamente como un almacén temporal de informaciones externas, sino como un sistema en el que confluían informaciones procedentes tanto de la memoria sensorial como de la MLP. Por ejemplo, cuando tengo que ir al mercado para hacer pollo al ajillo para 4 personas y estoy buscando los puestos donde encontrar los ingredientes, en mi MCP estará una lista de lo que necesito y de las cantidades. Esta lista estará confeccionada con lo que yo sé que hace falta para realizar este plato determinado que viene directamente de mi MLP. Por suerte, esa lista la olvidaré una vez que haya hecho mi compra; sin embargo, no olvidaré lo que hace falta para hacer pollo al ajillo. Si la semana que viene tengo que hacer el mismo plato pero para 5 personas, la lista de cantidades variará y gracias a que olvidé la de la semana pasada no tendré interferencias en la compra de esta semana. A esta MCP que funciona como un "espacio de trabajo" mental utilizado para recuperar y tratar la información de nuestra MLP se la llama memoria operativa y es un lugar donde se desarrolla el procesamiento consciente de la información.

Cuando las personas envejecen, es frecuente que se tengan quejas de memoria, donde se suelen recordar más los acontecimientos pasados que los recientes y se tienen olvidos cotidianos. En este caso estaremos hablando de una alteración llamada pérdida de memoria asociada a la edad (AAMI). Esta alteración no ha de ser motivo de preocupación ya que no es debida a ningún trastorno mental orgánico. Su déficit puede ser contrarrestado con una estimulación adecuada y el aprendizaje de estrategias memorísticas como las mnemotécnicas.

La memoria cuenta con otras alteraciones más graves que inciden de forma insidiosa en la vida y autonomía de las personas que la padecen.

Un ejemplo claro es el Alzheimer, enfermedad de la sociedad del siglo XXI que se incrementa año tras año a medida que aumenta la esperanza de vida. En ella, la memoria operativa es de las primeras que comienzan a fallar. En primer término, el enfermo no pierde los conocimientos generales o aquello que tiene en su MLP sino que pierde la capacidad de operar con esos conocimientos para resolver problemas. En estadios más avanzados la influencia sobre la memoria abarcará todos los tipos.

Las amnesias son déficits de la capacidad para aprender información nueva o para recordar información aprendida anteriormente. Las hay de diferentes tipos y afectan a una estructura en concreto. Podremos encontrar sujetos que han olvidado todo lo anterior al momento en que se produjo y sí recuerdan lo posterior. O casos en los que el paciente olvidó todo lo relacionado con su vida personal pero no los conocimientos de las palabras o de los sucesos de la historia de su país.

A veces, el problema no es olvidar las cosas, sino no olvidarse de ellas. Imagina que el lunes aparcas el coche en la calle y memorizas donde lo dejaste para poder recogerlo el martes. Si el martes vuelves a aparcar en otro sitio y no olvidaste el sitio donde lo dejaste el lunes, seguramente el miércoles tendrás dificultades para encontrarlo ya que el recuerdo del lunes interfiere con el del martes.

Olvidar es necesario para evitar interferencias con futuros conocimientos. Algunas personas padecen hipermnesia, la cual les permite recordar al detalle datos con sólo haber estado expuesto a ellos una vez. Aunque parezca una virtud prodigiosa suele acarrear más problemas que beneficios.

Vive tu memoria y asómbrate.
Jack Kerouac
(1922-1969) Novelista estadounidense.

Hasta aquí hemos visto la memoria sensorial y la MCP. El siguiente capítulo se centrará en aquel departamento donde almacenamos los conocimientos sobre el mundo y sobre la experiencia personal: la MLP. Antes de pasar a él te proponemos unos pasatiempos que van a estimular las áreas de tu cerebro encargadas de la capacidad que hemos explicado en este capítulo. La mayoría de ellos se encargarán de procesar información que te llega del exterior, que tienes que asimilar y que has de memorizar. En el siguiente capítulo, la dirección de la información vendrá del lado opuesto, ya no tendrás que memorizar información nueva, sino recuperar la que guardas en tu almacén de mayor capacidad.

Pasatiempo 30a

HISTORIA DIBUJADA [1]

Dificultad: ✸

La siguiente historia tiene una particularidad: la mayoría de lo que pasa en ella está dibujado. A partir de los dibujos tendrás que entender lo que sucede. Es importante que contextualices cada figura y que eches mano de tus conocimientos generales para ir comprendiéndola mejor.

Después de que hayas "leído" la historia en no más de un minuto, deja pasar 10 segundos, pasa la página y contesta las preguntas que te haremos en la segunda parte del pasatiempo.

Luisa se levantó temprano. Su despertador sonó a las  . Rápidamente se  , se  , se  de color morado, y se  del mismo color que los  . Apenas  , sólo un  y  con  de postre. Llegó en  al  . Allí se encontró con su  que la esperaba para  con ella a la 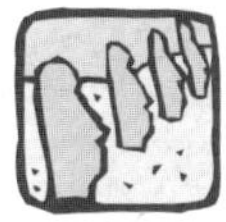 . Antes de  , Julio le  y se  regalándole un estupendo  . Su  salía a las  y comenzaba a  . Lucía estaba  y  . Veía ante sí un futuro lleno de  ,  y .

Pasatiempo 31a

¿CÓMO TE LLAMAS? [1]

Dificultad: ✹✹

Hemos pillado a las siguientes personas en momentos determinados de su vida. Unas están trabajando; otras, disfrutando del ocio o de su deporte favorito. Debajo de cada foto aparece el nombre de cada una de ellas.

Tienes un minuto y medio para mirar atentamente las fotografías y memorizar los nombres. Una vez que haya pasado ese tiempo, deja transcurrir 10 segundos, pasa la hoja y escribe los nombres de cada uno debajo de su fotografía correspondiente.

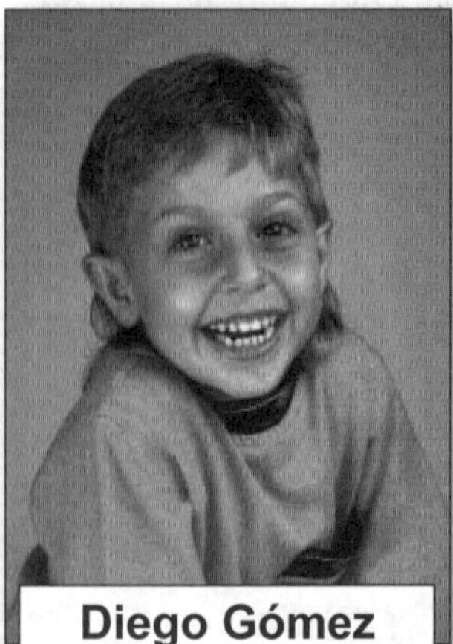

Diego Gómez

Lucía Castor

Alfonso Santos

Óscar Pascual

Oliver Cobos

Rebeca Giménez

Víctor Guerrero

Marcos Romero

Pasatiempo 30b

HISTORIA DIBUJADA [2]

Contesta a estas preguntas:

1. ¿A qué hora se levantó Lucía?

2. ¿Cómo se llamaba su novio?

3. ¿Dónde se iban de viaje?

4. ¿De qué color eran las uñas de Lucía?

5. ¿Qué fruta desayunó?

6. ¿A qué hora salía el avión?

7. ¿Cuántos niños pensaba tener Lucía?

8. ¿Qué dos cosas le regaló su novio como señal de su amor?

Pasatiempo 32a

RELOJES VARIOPINTOS [1]

Dificultad: ✹✹✹

Todos estos relojes marcan horas diferentes. Tienes dos minutos para memorizarlas. Cuando lo hayas hecho, deja pasar 10 segundos e intenta marcar en la página 73 todas las horas que recuerdes. Estate atento a los cambios de hora analógico-digital.

Pasatiempo 31b

¿CÓMO TE LLAMAS? [2]

Recuerda el nombre y apellido de todos los personajes sin volver la hoja.

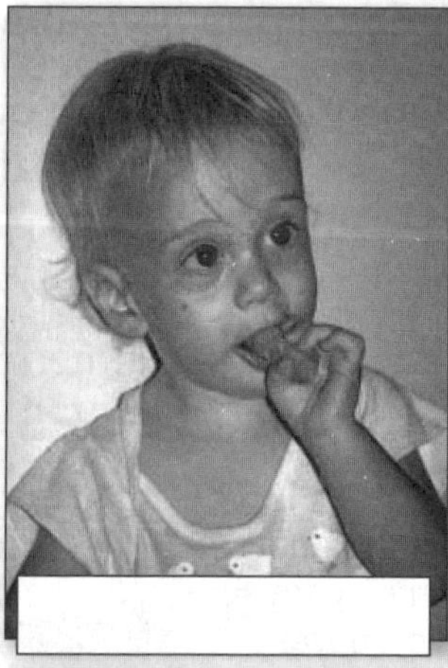

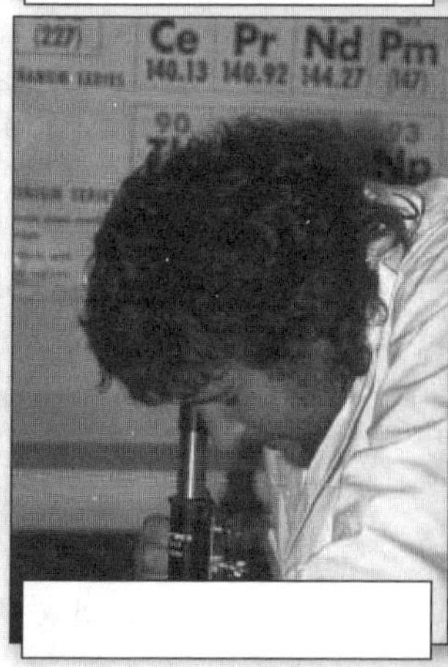

Pasatiempo 32b

RELOJES VARIOPINTOS [2]

01:49	21:13	06:17
08:28	20:22	15:43
17:00	14:35	08:15
03:50	05:20	00:00

Pasatiempo 33a

PALABRAS [1]

Dificultad: ✹

Intenta recordar esta lista de palabras. Para ello tienes un minuto y medio.

Cuando haya transcurrido el tiempo, descansa 10 segundos, pasa la página y selecciona los dibujos que correspondan a las palabras que recuerdes.

GATO
POLLO
TIJERAS
FLOR
PALA
MANO
PUÑETAZO

PATÍN
BUZO
BICICLETA
FUEGO
CÁLIZ
MAQUILLAJE
SECADOR

Pasatiempo 33b

PALABRAS [2]

Rodea con un círculo los dibujos que guarden relación con las palabras que recuerdas de la página anterior.

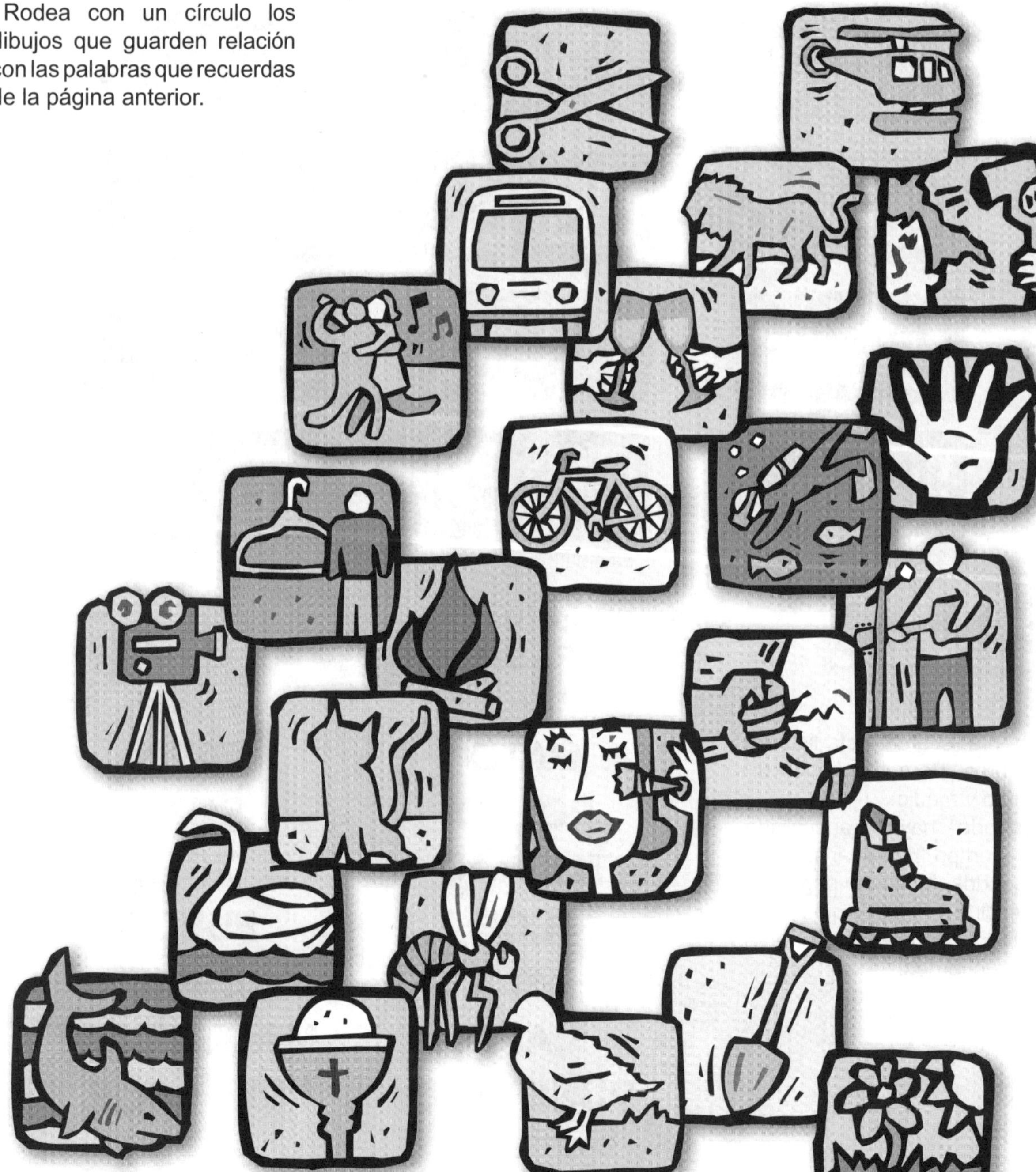

Pasatiempo 34a

VECINOS [1]

Dificultad: ✹✹

En este edificio viven 6 vecinos. Lee atentamente sus historias y memoriza todos los detalles que puedas. Pon especial atención en aprenderte los nombres. Cuando hayas terminado, pasa página y sigue allí las instrucciones del pasatiempo.

***César** vive en el ático. Es un amante de la tecnología. Le encanta pasar las tardes del sábado ante el ordenador, navegando y viendo la televisión. Vive sólo pero tiene un perro que le obliga a salir por las noches para sacarlo a pasear en el bosque que hay junto a casa.*

*A veces César se encuentra allí a **Julia**, que también tiene una perra de la misma raza que el de él. Julia vive en el segundo. Ella ama los animales. Además de Kika, su perra, tiene también una iguana, un conejo y dos tortugas. Trabaja en una clínica veterinaria de auxiliar y le encanta su trabajo.*

*Allí conoció a **Adrián**, que fue quien le dijo que su piso de arriba se alquilaba. Él está enamorado de Julia pero es demasiado tímido para decírselo. Le escribe cartas de amor que nunca deposita en su buzón y compone poemas inspirados en su sentimiento. Adrián estudió Filología pero actualmente está en paro. Vive en la casa que heredó de su padre. Por eso, al no tener que pagar alquiler se permite algún que otro lujo como viajar. La última vez estuvo en Nueva York.*

*Le vendió los billetes **Pepe**, que además de vivir en el bajo trabaja en una agencia de viajes. Su trabajo le da para muchos caprichos, entre ellos, los zapatos y un flamante coche con el que visita por las noches las discotecas más selectas de la zona.*

*En una de ellas está empleada **Esther** como pinchadiscos. Trabaja hasta muy tarde y cuando llega por la mañana sólo le apetece tomarse un gran cuenco de fruta y echarse a dormir. A media mañana suele levantarse enfadada porque el vecino de arriba la despierta sobresaltada. Y es que éste ensaya con su gaita de 11 a 12 todos los días sin excepción porque se está preparando para un concurso de música tradicional.*

*Más de una vez sus vecinos se han quejado, pero **Pedro** (es así como se llama) siempre ha dicho que quien más o quien menos todos hacen ruido en este bloque. Pedro, igual que todos los demás, vive solo y es un aficionado a la gastronomía. Además de buen cocinero es un gran conocedor de todos los platos de nuestra península.*

Pasatiempo 34b

VECINOS [2]

Escribe debajo de cada figura el nombre del vecino que más relación guarda con ese objeto.

A

B

C

D

E

F

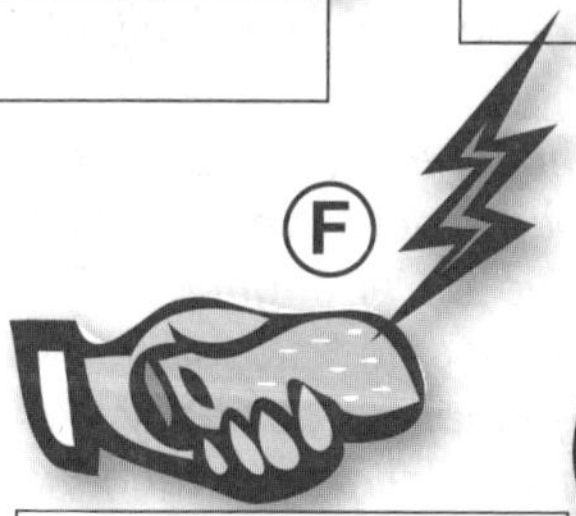

G

H

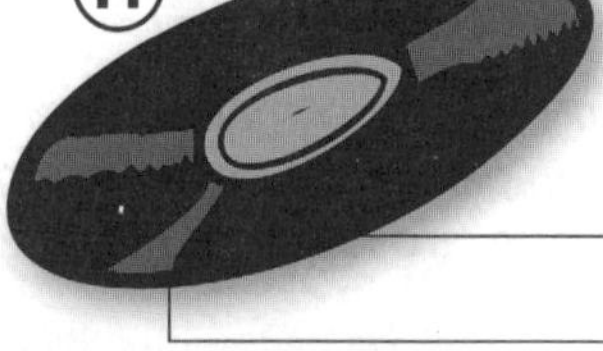

I

L

K

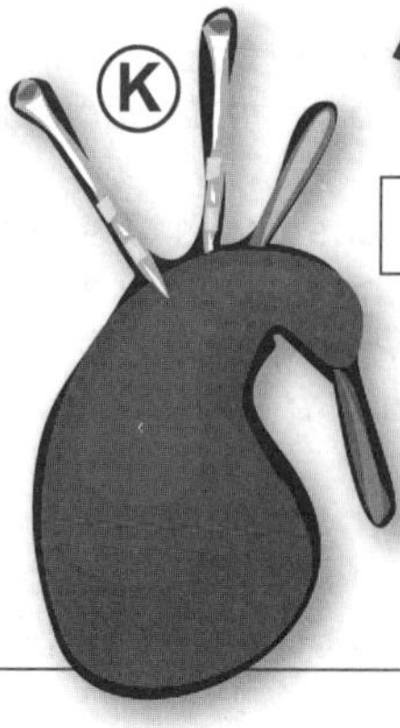

J

CONOCIMIENTOS GENERALES

PASATIEMPOS

- El baúl de los recuerdos
- Zodíaco
- Macros
- Tableros de ajedrez
- Busque y compare
- Eslogan
- Fotos del mundo

Conocimientos generales

En el capítulo anterior centramos nuestra atención en cómo la información llegaba a nuestro cerebro y los diferentes departamentos por los que pasaba para acabar almacenándose o no en una amplia y espaciosa Memoria a Largo Plazo. Pero ¿cómo se estructuran los conocimientos dentro de este gran almacén de información?

En 1985 el psicólogo Wright demostró que la diferenciación entre MCP y MLP se producía tanto en seres humanos como en otras especies como monos o palomas.

Dentro de la MLP podemos distinguir 3 tipos de memoria diferenciados.

Por un lado, tenemos la **memoria semántica**, que guarda una estrecha relación con la capacidad del lenguaje. En este departamento contamos con una especie de "diccionario" donde no sólo se encuentran las palabras y sus significados, sino conocimientos sobre la forma en que esas palabras tienen que relacionarse para que formen mensajes coherentes, reales y adecuados al medio en el que los empleemos. En esta memoria se encuentran representados todos los aspectos del mundo que conocemos y se pueden expresar con palabras. Esta memoria posee la extraordinaria capacidad de hacer inferencias lógicas entre los conocimientos que alberga. Por ejemplo, cuando nuestro amigo nos invita para enseñarnos su piso nuevo y llegamos con unas ganas enormes de ir al baño, daremos por hecho que tiene baño y que sólo con preguntarle dónde está nuestro problema será solucionado. ¿Qué nos hizo saber que ya tenía baño si nunca habíamos estado en su piso? Una sencilla inferencia lógica compuesta por a) "Todos los pisos de nueva construcción tienen baño", b) "Mi amigo se acaba de comprar un piso nuevo", entonces: "El piso de mi amigo tiene baño". Esta capacidad de la memoria semántica le ahorra al ser humano tener que estar aprendiendo individualmente de forma continuada.

En otro departamento encontramos la **memoria episódica**. En ella se encuentran los recuerdos de los sucesos y episodios que hemos vivido tanto personales como históricos. Por ejemplo, el primer beso, el día de la victoria de nuestro partido político, anécdotas de nuestro viaje de fin de curso, el día de nuestra boda, el día que se casó un famoso… Aquí la información se organiza en función del momento temporal y el lugar espacial en que se presentó. Muchas veces, cuando nos reunimos con los amigos para tomar un café, lo único que hacemos es recrearnos en el recuerdo de episodios y sucesos que nos involucran como grupo. Volvemos a vivir lo rememorado y construimos una identidad propia a partir de ello. Todos disfrutamos enormemente hablando de nuestro pasado. Es una parte natural de la gran mayoría de las personas y una agradable actividad social. Este proceso de pensar o hablar sobre la propia experiencia vital con el fin de compartir recuerdos, reflexionando sobre el pasado, recibe el nombre de reminiscencia. Ésta es una técnica muy utilizada con personas mayores con o sin demencia, pues, además de estimular su MLP, se consigue que revisen su historia de vida y reflexionen sobre el paso del tiempo de forma íntegra, llegando a importantes conclusiones sobre su existencia. Pero no sólo es una técnica que funcione con personas mayores. Cuando nos presentan una imagen de *Barrio Sésamo*, de la *Gallina Caponata* o de los *Chiripitifláuticos*... dependiendo de nuestra edad nos sentiremos identificados con una u otra, y surgirán sentimientos asociados, recuerdos de nuestra infancia, tardes de merienda y percepciones del mundo desde la visión que teníamos como niños, muy diferente a la visión que tenemos como personas adultas. En todo momento estará funcionando nuestra MLP tanto en relación a los sucesos y hechos generales de la historia de nuestro país como a los episodios y las vivencias personales que nos diferencian del resto de las personas.

El tercer departamento separable en este gran almacén de memoria es la **memoria procedimental**. Es la que almacena la forma como se hacen las cosas. No nacemos aprendidos respecto a la capacidad de nadar, ir en bicicleta, conducir un coche... pero cuando lo hacemos resulta muy difícil olvidarlo, ya que en nuestra memoria procedimental ha quedado fijada esa estructura.

El que no tiene memoria se hace una de papel.

Gabriel García Márquez

(1928-) Escritor colombiano.

Si observamos un cerebro seccionado por la mitad, podremos observar que en la zona más interna existe una parte llamada Sistema Límbico (SL). Ésta es una de las zonas donde se ubica geográficamente el proceso de la memoria. Los órganos de este sistema cumplen además funciones tan importantes como la

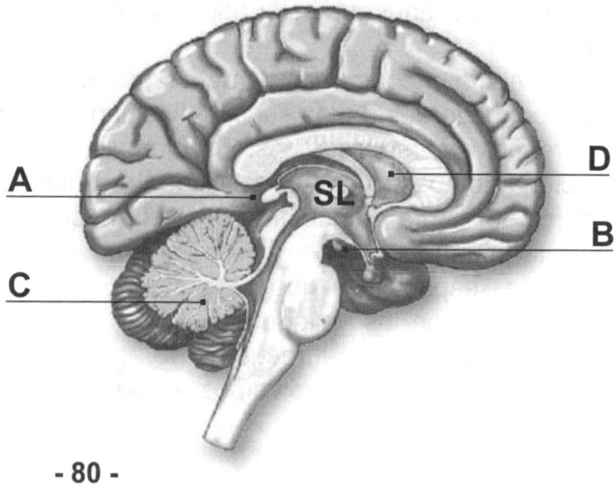

regulación del hambre y la sed, la percepción del tiempo, la respuesta del movimiento corporal o la conciencia.

Esta zona, comparada con la corteza cerebral, tiene una extensión muy limitada, lo que hace pensar que los recuerdos se codifican de forma muy comprimida, almacenando simplemente el concepto de lo que percibimos. La amígdala (A), encargada de relacionar la emoción con la experiencia, se encarga también de la retención de los recuerdos más recientes, no duraderos. Si estos recuerdos pasan al hipocampo (B), se quedarán un tiempo allí mientras se procesan antes de que esos recuerdos se almacenen como permanentes. Todos estos recuerdos hacen referencia a las experiencias y sucesos pero no a la memoria de procedimiento, la cual tiene una ubicación diferente: el cerebelo (C) y los ganglios basales (D). De esta forma, una persona con una lesión en el hipocampo podría aprender a conducir un coche después de su lesión pero no podría recordar haber visto nunca un automóvil.

Comentábamos en el capítulo anterior que en las demencias como el Alzheimer la MLP era la más preservada. Dentro de ella, lo más duradero será lo implícito a la vida automática de la persona, es decir, la memoria procedimental. Pero hay otras alteraciones de memoria que no están provocadas por una lesión cerebral. Éstas reciben el nombre de pseudoamnesias y son debidas a diferentes causas. Cuando son la ansiedad y la falta de atención las causantes de que no se produzca el registro y consolidación de la información, estaremos hablando de disprosexia. En este caso la memoria está preservada y lo que falla es su puerta de entrada.

Las personas con depresión, por su inhibición atencional a su entorno y por tanto sus fallos de memoria, pueden tener síntomas que pueden confundirse con el inicio de una demencia. En estos casos, y con personas mayores, la dificultad recae en establecer un buen diagnóstico ya que en función de lo que se padezca la intervención será muy diferente.

> *De las potencias del alma*
> *la memoria es la cruel,*
> *porque causa el mayor mal*
> *recordando el mayor bien.*
> **Antonio Machado**
> (1875-1939) Poeta español.

La alteración de la memoria también puede deberse a un mecanismo de defensa ante un hecho traumático. Sigmund Freud trabajó desde el psicoanálisis este olvido defensivo.

Para terminar el capítulo, vamos a poner a prueba tu MLP. Por supuesto, no vamos a pedirte que montes en bicicleta, ni que conduzcas un coche, tampoco nos vamos a centrar en comprobar cuál es tu memoria semántica ya que esa área la trabajamos indirectamente en el capítulo de lenguaje. Lo que sí vamos a hacer es ver cómo andas de memoria de sucesos y acontecimientos generales. Por eso titulábamos este capítulo con el nombre de Conocimientos generales. ¡Esperamos que te defiendas como sabes!

Pasatiempo 35

EL BAÚL DE LOS RECUERDOS

Dificultad: ✹✹

A continuación te presentamos fotos de series de televisión. ¿Serías capaz de decir a qué década pertenece cada una de ellas?

DÉCADA	AÑOS 60	AÑOS 70	AÑOS 80	AÑOS 90
TÍTULO				

Nota: Hemos incluido las series en los años que se estrenaron en España.

Pasatiempo 36

ZODÍACO

Dificultad: ✸

Los signos del zodíaco se suelen representar de muchas maneras. En las figuras de la derecha encontrarás 4 formas diferentes de representar cada uno de los 12 signos. Se trata de que agrupes mediante líneas las figuras según el signo que representan.

Pasatiempo 37

MACROS

Dificultad: ✹

¿Qué se ve en cada una de las fotos ampliadas a la derecha?

Pasatiempo 38

TABLEROS DE AJEDREZ

Dificultad: ✹

¿Cuáles de estos tableros pueden ser recorridos por un caballo de ajedrez, pasando por todas sus casillas?

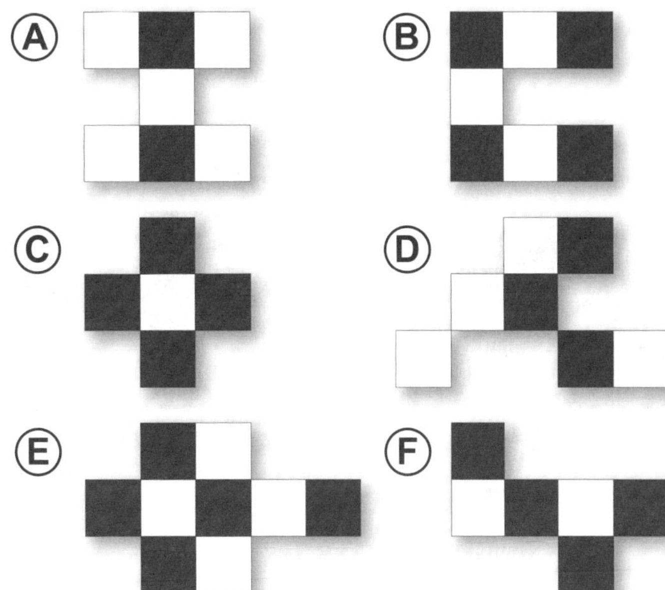

Pasatiempo 39

BUSQUE Y COMPARE

Dificultad: ✸✸

Las fotos corresponden a anuncios publicitarios de productos que forman parte de nuestra historia. Escribe sus nombres, sin espacios, en las 7 filas de la derecha para descubrir el octavo en la columna gris, y aún te sobrará uno.

Por si alguno de ellos se ha quedado demasiado guardado en tu MLP, te damos una pista: al mismo número le corresponde una misma letra.

			1	2	3	4	1	4	2			
	5	4	6	7	4	8	9	4	8	4		
10	4	11	11	12	13	14	12	15	4	6		
			10	3	4	8	16	12	10	3	14	10
	16	4	7	4	11	15						
			17	18	15	4	9	18	15	4	6	
12	7	18	16	12	2							

Pasatiempo 40

ESLOGAN

Dificultad: ✹✹

Ⓐ ***Eso es lo que somos***

Ⓑ ***Producido en la Tierra. Probado en la Luna***

Ⓒ ***Disfruta tus contradicciones. Menos es más***

Ⓓ ***Grandes ideas***

Ⓔ ***JASP: Jóvenes Aunque Sobradamente Preparados***

Ⓕ ***El orgullo de no vender en verano***

Ⓖ ***Cuando haces Pop ya no hay Stop***

Ⓗ ***Connecting people***

Ⓘ ***No podemos conducir por ti***

Ⓙ ***Que la suerte te acompañe***

Ⓚ ***¿Tienes Fortuna?***

Ⓛ ***Keep walking***

Las frases que te presentamos son eslóganes de publicidad.

A cada figura puede que le corresponda más de un eslogan.

¿Serías capaz de relacionar cada frase con su figura?

Pasatiempo 41

FOTOS DEL MUNDO

Dificultad: ✹✹

Tu objetivo es hacer corresponder las fotos con los países del mapa, escribiendo sus nombres, y descubrir así cuál es el país que tiene 2 fotos y el país que no tiene foto.

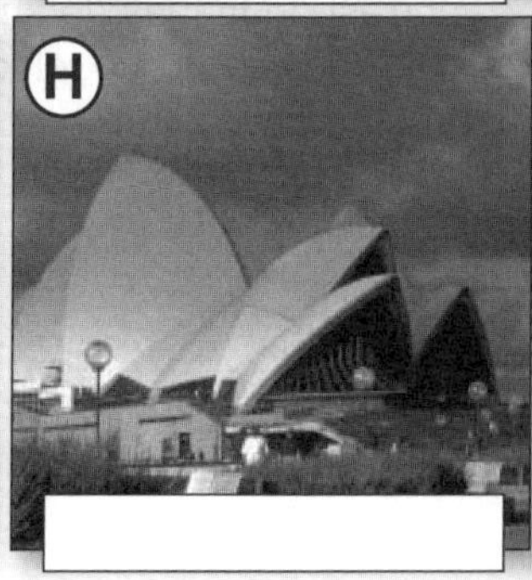

I

J

K

L

M

N

O

P

Q

R

S

T

U

V

X

Y

CÁLCULO

PASATIEMPOS

- Recorrido ordenado
- Bolas y dados
- Numérico
- Sopa de números
- Pirámides numéricas
- Hexágono mágico
- Cuadrados mágicos
- Notas numéricas
- Dominó
- Sumas alfanuméricas
- Suma misteriosa
- Dados imposibles
- Más dominó

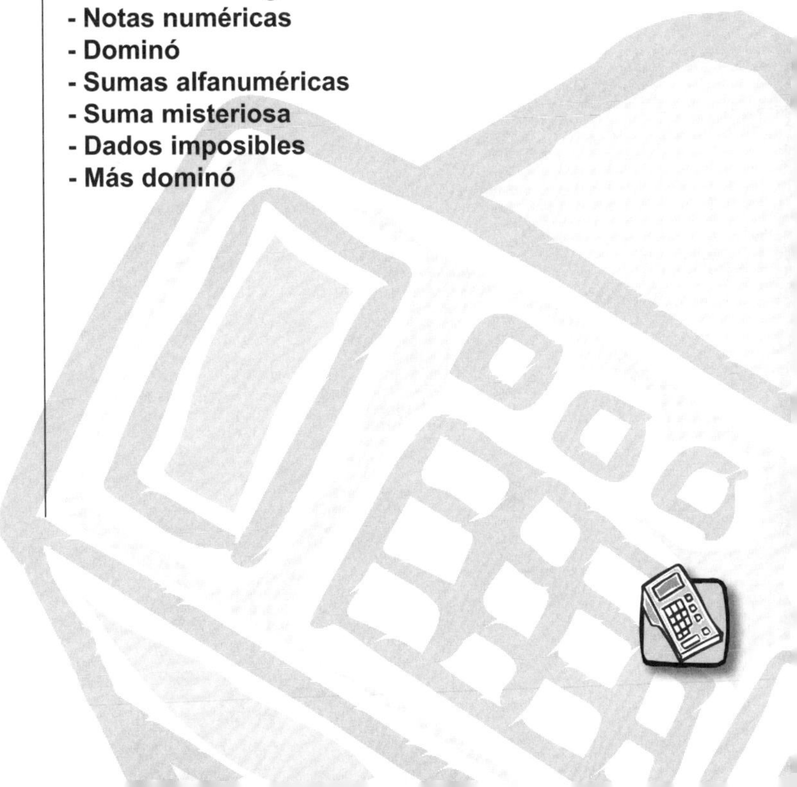

Cálculo

En nuestro día a día es inevitable vivir sin tener que manejar números. Ya sea a la hora de la compra, al pedir un préstamo, al jugar a las cartas o al transformar una cifra de euros a pesetas estaremos poniendo en marcha la capacidad de cálculo. Ésta no se limita simplemente a la resolución de las operaciones aritméticas, sino que también es la que nos permite manejar medidas, realizar proporciones…

A lo largo de la historia no todo el mundo tenía la misma oportunidad de desarrollar esta capacidad. Los grandes matemáticos vivían la ciencia con entera dedicación pero el pueblo llano, la mayoría de la sociedad, apenas aprendía unas reglas básicas que le ayudaran a poder defenderse y no ser engañados.

Hoy en día, gracias a la escolarización, todo el mundo tiene la oportunidad de que su potencial capacidad de cálculo se desarrolle en unos niveles básicos y vaya a más dependiendo de si el propio sujeto se encarga de estimularla o no.

A pesar de que hemos conseguido ese logro, otros de nueva adquisición están haciendo que nuestro cerebro se apoye en demasiadas ayudas y a veces no trabaje todo lo que debería. Las agendas de nuestros móviles, respecto a la capacidad memorística, o las calculadoras en el caso que nos ocupa, están haciendo que muchos jóvenes y mayores abandonen prácticas como el cálculo mental. Las repercusiones de estos inventos estarán por ver en un futuro no muy lejano, pero no hace falta mirar hacia los años venideros para saber que una práctica diaria de las capacidades cognitivas como la que estamos proponiendo en este libro logrará en nosotros un cambio y si mantenemos el entrenamiento nos sentiremos con un cerebro más activo, más concentrado, más ágil y rebosante de salud.

El cálculo, desde el punto de vista neurológico, es una función muy compleja. En una simple multiplicación intervienen capacidades como el lenguaje, la atención, la escritura, la representación simbólica del número, la orientación espacial en la hoja, la memoria a corto y largo plazo…

Este proceso, por tanto, tendrá en el cerebro una ubicación geográfica extensa. Intervienen en él tanto las estructuras de la corteza cerebral como las más interiores que se encuentran a nivel frontal, parietal y temporal del hemisferio izquierdo. Este hemisferio es el que tradicionalmente ha sido considerado el racional, en contraposición

> *Las matemáticas no mienten, lo que hay son muchos matemáticos mentirosos.*
>
> **Henry D. Thoreau**
> (1817-1862) Escritor estadounidense.

al derecho, por ubicar en él capacidades como el lenguaje, el razonamiento y el cálculo. El hemisferio derecho, al contrario, siempre se caracterizó por ser más creativo y globalizador.

Existen personas con una capacidad de cálculo innata, que sobrepasa la media normal del resto del mundo. Hoy en día son numerosos los concursos en los que participan competidores de estas características. Incluso año tras año se disputan la titularidad de diferentes modalidades de Record Guinness.

En la historia de los genios del cálculo encontramos a Leonhard Euler, que era capaz de solucionar operaciones en las que tenía que retener más de 50 cifras. Perdió la visión de un ojo en un experimento y años más tarde se quedó completamente ciego pero aun así continuó trabajando.

También a Jedediah Buxton, granjero inglés obsesionado con contar todo lo que le rodeara. En una ocasión, en una obra de teatro se dedicó a contar el número de pasos y palabras que realizó el protagonista. Cuando iba a misa, calculaba el número de palabras, sílabas o letras que pronunciaba el sacerdote en su sermón.

Tom Fuller, que fue capturado por unos negreros cuando tenía 14 años y fue reducido a la esclavitud, nunca aprendió a leer ni a escribir, pero tenía una especial habilidad para el cálculo aritmético memorístico. Podía multiplicar dos cifras de nueve dígitos, determinar el número de segundos de un periodo de tiempo que se le propusiese o calcular el número de granos de maíz que había en un volumen determinado.

De Giacomo Inaudi sabemos que fue un pastor que, al igual que Fuller, el ser analfabeto no le inutilizó para el calculo: aprendió a leer y escribir más tarde que a calcular. Se dedicó a realizar exhibiciones de sus habilidades por teatros y cafés y fue estudiado por el psicólogo Alfred Binet.

> *No se preocupe por sus dificultades en las matemáticas. Yo puedo asegurarle que las mías son todavía mayores.*
>
> **John Locke**
>
> (1632-1704) Pensador británico.

Ya en nuestros días, el mentalista asturiano Alberto Coto García, descubrió su habilidad con el cálculo cuando ya llevaba más de 20 años viviendo. Su capacidad innata le permite calcular a más de 5 dígitos por segundo, lo que le está llevando a conseguir importantes plusmarcas mundiales. Compagina su trabajo con exhibiciones y campañas escolares para promover el cálculo mental entre los jóvenes.

Las alteraciones debidas a lesiones pueden dar casos muy particulares. Como dijimos, en este proceso intervienen diferentes estructuras, por lo que lógicamente las funciones aritméticas se verán afectadas en alteraciones cerebrales como las demencias. De la misma forma, alteraciones del lenguaje como afasias, alexias o agrafias (véase el capítulo de lenguaje) también repercutirán en la eficacia de cálculo.

En general, al déficit de esta capacidad lo denominamos acalculia y puede haber diferentes tipos de la misma. En algunos casos el sujeto tendrá dificultades para colocar las cifras de una operación en el espacio, o será incapaz de realizar unas determinadas operaciones matemáticas como la suma y la resta pero sí otras como la multiplicación y la división. En otros casos será incapaz de realizar funciones de ejecución del cálculo como "llevarse" unidades o le será imposible recuperar la tabla de multiplicar aunque conserve el concepto de la operación matemática concreta.

Hay que tener en cuenta que hablaremos de alteraciones sólo en los casos en los que la persona haya adquirido anteriormente la capacidad. Con personas mayores encontraremos muchos de estos déficits pero no siempre serán debidos a una lesión, sino a que nunca desarrollaron tal función.

Los pasatiempos que encontrarás a continuación van a estimular tu capacidad de cálculo. Sabemos que las matemáticas siempre fueron aburridas, así que hemos procurado evitar incluir retos que te desmotiven. Por eso te proponemos que resuelvas una serie de desafíos que, aun manteniendo un alto nivel de actividad cerebral, hagan que estés enganchado hasta el final.

Si estás preparado, no tienes más que pasar la página. ¡A divertirse!

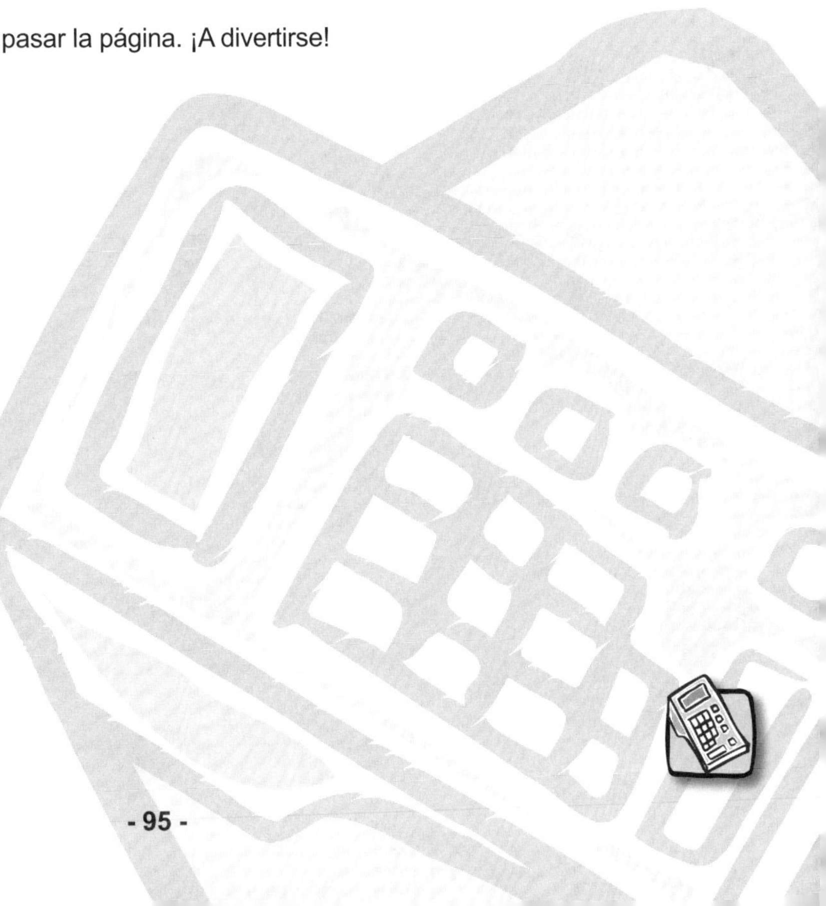

Pasatiempo 42

RECORRIDO ORDENADO

Dificultad: ✹

Marca un camino que una ordenadamente los números, comenzando por el 1 y finalizando en el más alto de todos ellos.

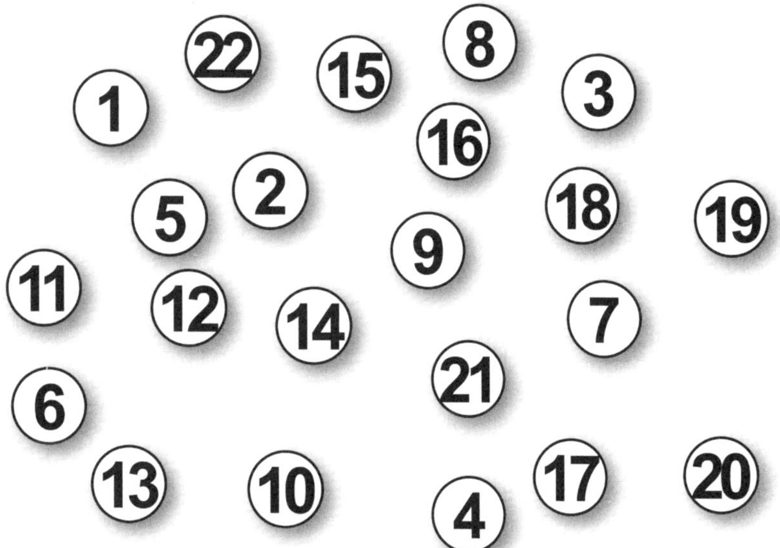

Pasatiempo 43

BOLAS Y DADOS

Dificultad: ✹✹✹

Cada bola corresponde a un signo matemático de la suma, la resta o la multiplicación.

A un mismo color de la bola le corresponde siempre el mismo signo.

¿Cuál es dicha correspondencia para que las operaciones den los resultados adecuados?

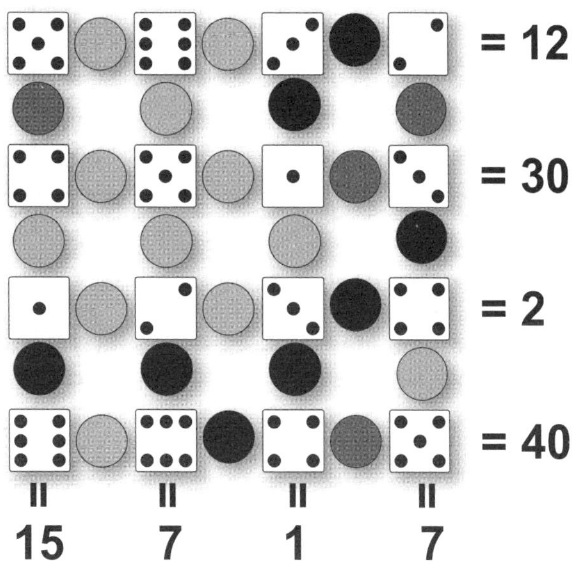

Pasatiempo 44

NUMÉRICO

Dificultad: ✹✹✹

Colocar los números del 1 al 24 a razón de uno por casilla triangular de manera que se cumplan las sumas que indican las flechas.

Te damos algunas pistas:

1. Los triángulos blancos contienen los números del 1 al 9.
2. Los triángulos gris oscuro se corresponden con los del 20 al 24.
3. Los triángulos que tienen un punto blanco son los que contienen cifras impares.

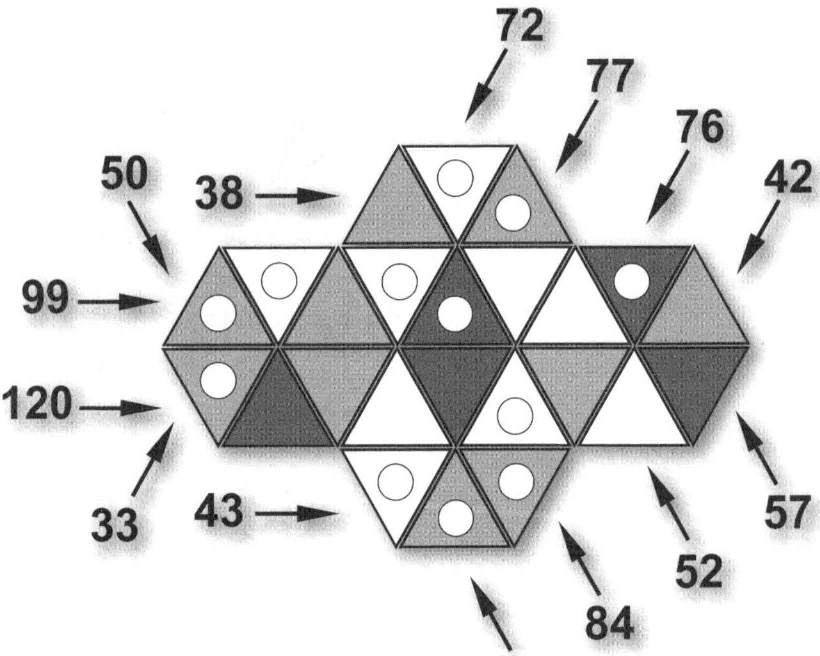

Pasatiempo 45

SOPA DE NÚMEROS

Dificultad: ✹

Esta sopa de números funciona como la de letras, es decir, se lee en vertical, horizontal y diagonal. Lo que hay que hallar es todas las combinaciones de 2 o más números alineados cuya suma sea 15. Hay en total 13 combinaciones

Para rematar la faena encuentra los conjuntos de cuatro números formando un cuadrado de 2 por 2 números, cuya suma sea también 15.

Pista: hay 13 combinaciones lineales y 4 combinaciones de cuadrados.

0	3	8	4	1	7
3	9	5	6	2	4
8	1	2	1	5	4
0	6	5	8	6	9
2	5	7	3	3	7
2	4	8	0	1	4

Pasatiempo 46

PIRÁMIDES NUMÉRICAS

Dificultad: ✸

El número de una casilla es igual a la suma de los números de las dos casillas inferiores a ella. En el ejemplo de abajo A sería igual a B+C.

Con este criterio hay que completar las tres pirámides de la derecha.

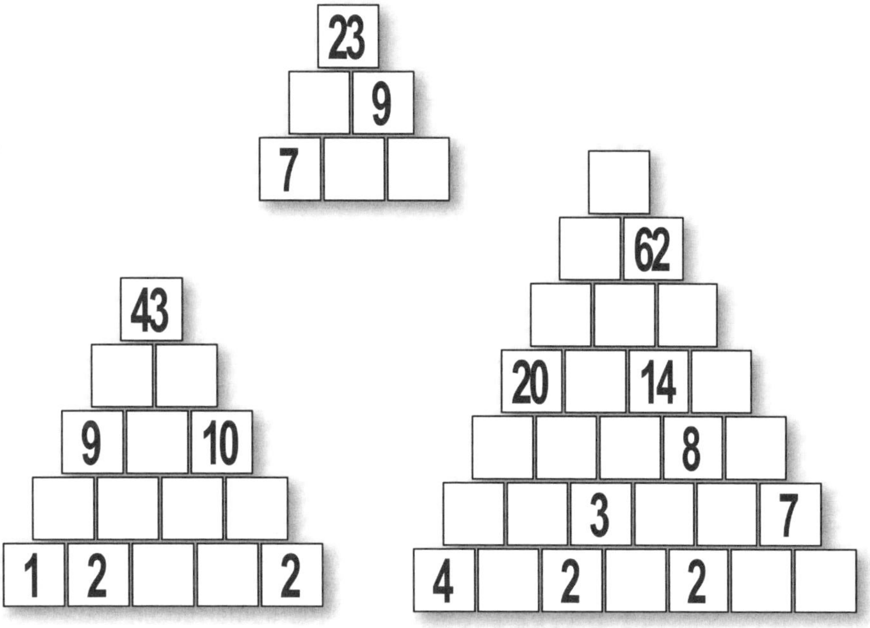

Pasatiempo 47

HEXÁGONO MÁGICO

Dificultad: ✸✸✸

Un hexágono mágico es aquel en el que la suma de los números situados en cada una de las filas de casillas es la misma.

Sólo existe un hexágono mágico y es el del tamaño que ves a la derecha. Coloca en él los números del 1 al 19 de tal forma que la suma de cada una de las 15 filas sea 38. Como ayuda ya te damos colocados 3 de los números.

Pasatiempo 48

CUADRADOS MÁGICOS

Dificultad: ✸

Hay que rellenar cada uno de los cuadrados con los números del 1 al 25; deben sumar lo mismo las siguientes combinaciones:

1. Las 5 filas
2. Las 5 columnas
3. Las 2 diagonales principales

Pero además también sumarán 65 estas otras combinaciones:

4. Las 8 diagonales quebradas
5. La cruz principal (casilla central y las cuatro casillas centrales de los lados)
6. El aspa principal (casilla central y las cuatro esquinas)
7. Las 9 aspas básicas
8. Las 9 cruces básicas

En total hay ¡40 maneras diferentes de sumar 65 en cada cuadrado! lo que sin duda lo hace especialmente mágico.

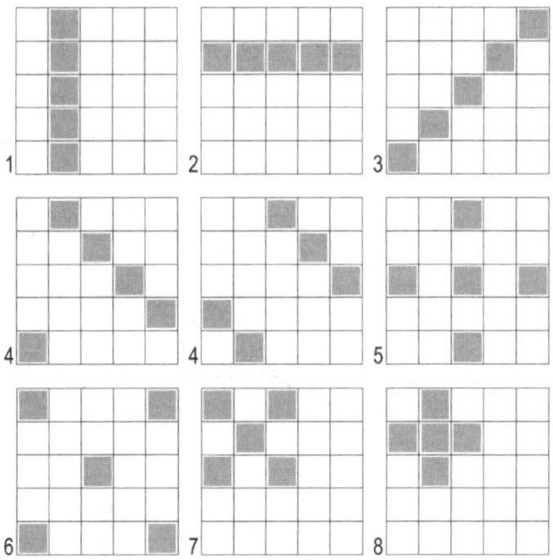

			18	
	17		21	14
	24			
			4	23
			15	6

	24	2		
	18	11		
		25		
23				
17	15			

			4	12
19			8	
13		24		
22		3		
			21	

				9
	6		3	
4	13		10	21
7				

21				7
	2		23	
		20		
	11	3	9	25

	2			
13	16			
5		12		
	8			14
		19		

Nota: Si quieres practicar con cuadrados mágicos y saber más sobre este pasatiempo, puedes leer el libro *Cuadrados mágicos*, de **Agustín Fonseca**, editado por **Aguilar**.

Pasatiempo 49

NOTAS NUMÉRICAS

Dificultad: ✹✹

¿Cuál será la correspondencia de letras a números del 0 al 9 para que la suma de las notas musicales de la derecha sea correcta?

Atención: los ceros a la izquierda no se pueden poner.

```
   D O
 + R E
 + M I
 + F A
 + L A
 + S I
 -----
 S O L
```

Pasatiempo 50

DOMINÓ

Dificultad: ✹✹

Coloca las 8 fichas de dominó de tal manera que la suma de los puntos de cada fila y cada columna coincida con los valores que aparecen en el margen.

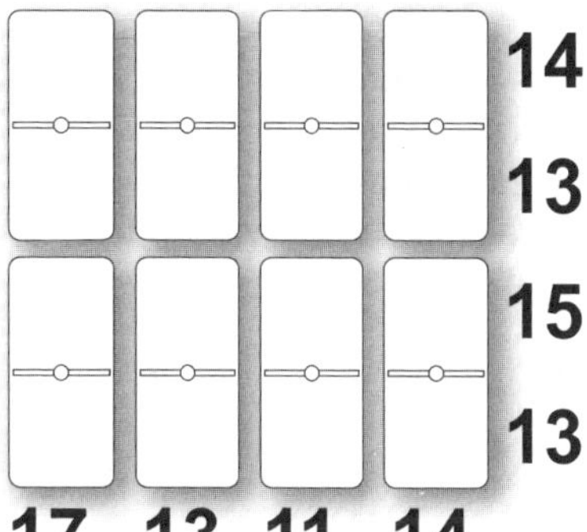

Pasatiempo 51

SUMAS ALFANUMÉRICAS

Dificultad: ✸

En estas casillas debes colocar letras de tal forma que se pueda leer en cada fila un número escrito. En la última fila, bajo la línea, también aparece el nombre de un número que es la suma de los otros cuatro.

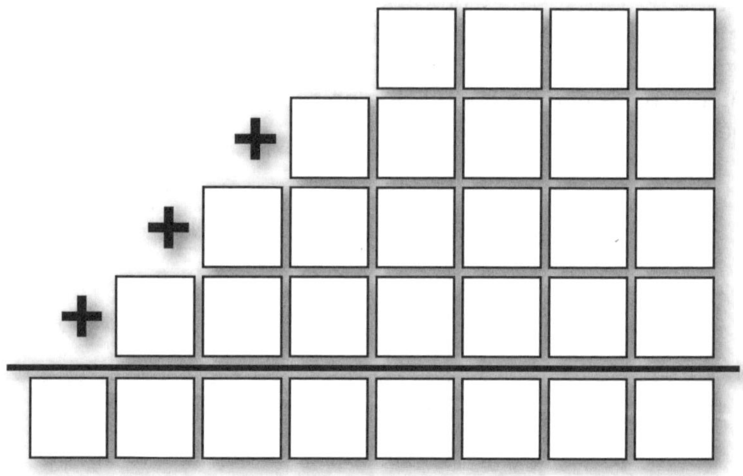

Pasatiempo 52

SUMA MISTERIOSA

Dificultad: ✸✸

¿Cuál de los números siguientes debería sumarse a cada uno de los términos de esta suma, incluido el resultado, para que fuese una operación correcta?

8	**25**	**89**
13	**39**	**154**
18	**46**	**312**

$$\begin{array}{r} 160 \\ 718 \\ +493 \\ \hline 1421 \end{array}$$

Pasatiempo 53
DADOS IMPOSIBLES

Dificultad: ✹✹✹

¿Cuánto suman las caras ocultas de este conjunto de dados?

Una pista: ¿Te has parado a pensar cuántos puntos tiene un dado?

¿Sabrías decir cuál de estos 15 dados está encima de todos los demás?

Pasatiempo 54
MÁS DOMINÓ

Dificultad: ✹✹

Las 28 fichas de un dominó normal, como el de la imagen, van del 0-0 al 6-6 y el número total de puntos es de 168, como puedes comprobar "manualmente" sin más que contarlos.

1. ¿Cuánto suman todos los puntos de un dominó que vaya del 0-0 al 4-4?
2. ¿Cuánto sumarían todos los puntos de un dominó del 0-0 al 9-9?
3. ¿Cuántas fichas tendrían al menos una parte sin puntos en un dominó que fuese del 0-0 al 21-21?
4. ¿Qué número aparecería más veces en un dominó cuyas fichas llegasen hasta el 324 (324-324)?

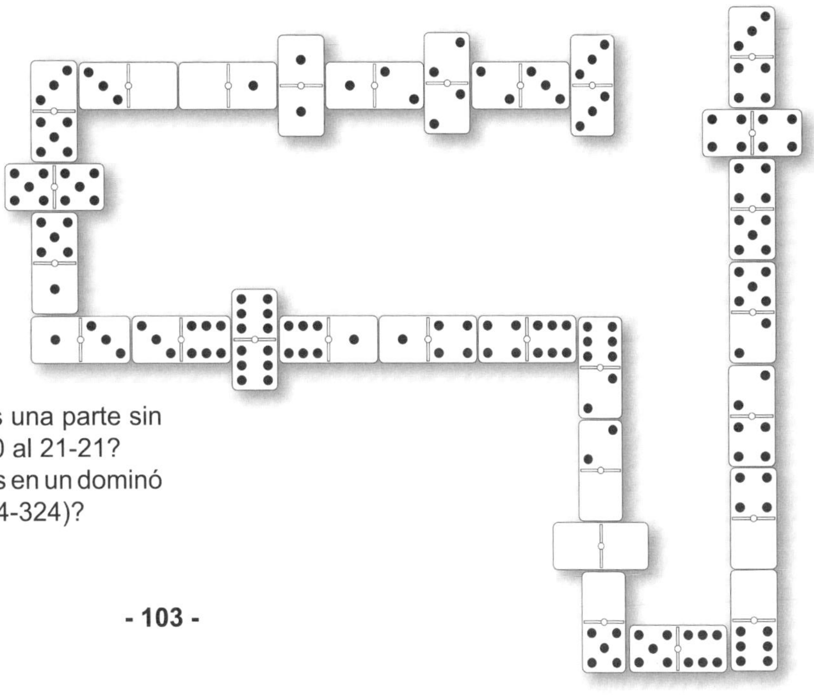

ORIENTACIÓN ESPACIAL

PASATIEMPOS

- Revuelto de nombres
- Construcciones
- Navajas
- Selenitas
- Actores y actrices
- Plegados
- Sopa de dados

Orientación espacial

Una de las funciones generales de las capacidades cognitivas es la de interpretar la realidad que nos rodea. Mediante la atención nos centramos en un aspecto concreto de esa realidad, con el lenguaje le ponemos un nombre, con el cálculo le damos un orden y mediante la memoria la podemos retener para recuperarla cuando nos sea preciso. La orientación es la que nos permite el conocimiento del mundo externo tomando como referencia el propio cuerpo. La orientación puede ser temporal (la que nos ubica en un día, mes, estación, año, década, siglo, época...) o espacial (la que nos ubica en un lugar, país, posición, latitud, perspectiva...). Dentro de ésta distinguiremos la conciencia del propio cuerpo y la conciencia de nuestro cuerpo en un espacio determinado.

Cronológicamente, nuestro cerebro comienza evolucionando desde una posición de localización egocéntrica. El recién nacido interpreta el mundo que le rodea a partir de su campo visual desde las posiciones que le posibilita su reducido movimiento. Para él todo lo que le rodea gira en torno a sí mismo y no es capaz de tener una localización espacial objetiva. Este desarrollo de la interpretación del espacio que nos rodea guarda similitud con el que llevó a cabo la historia de la humanidad. En un principio, la Tierra era el centro del Universo y todo giraba en torno a nosotros. Más tarde, hemos ido descubriendo que quien gira en realidad es nuestro planeta, y lo hace alrededor de una estrella, el Sol, que no es la única en el universo infinito, sino una entre millones. De la misma forma, el niño, conforme se desarrolla, irá descubriendo la verdad sobre el medio que le rodea.

Piaget estudió el desarrollo de la noción de espacio en niños y describió tres etapas diferenciadas. En una primera etapa el niño comienza a integrar lo que le rodea limitándose a su espacio visual. Empieza a interpretar los conceptos de cercanía y separación entre objetos, la relación de orden entre un grupo de ellos y el concepto de envolvimiento (un objeto o sujeto que rodea a otro). Es característico de esta etapa jugar con el niño al escondite haciendo que no le vemos si él se tapa con una manta. Su orientación espacial está tan poco desarrollada que piensa que si borra su campo de visión él se esconde y no le vemos.

En la segunda etapa se consolida poco a poco el esquema corporal fomentado en parte por el aumento de sus posibilidades de movimiento. Aquí comienza a comprender el tamaño de los objetos (grande, pequeño), su ubicación (dentro, fuera, encima), su dirección (aquí, desde, a, hasta) o su orientación (izquierda, derecha, arriba, abajo). Coco de *Barrio Sésamo* ponía especial dedicación en dejar bien claro a sus telespectadores estos mismos conceptos. Lo que nos da que pensar sobre los beneficios de incluir programas infantiles con objetivos pedagógicos en horarios que los niños miren la televisión. Algo que últimamente está siendo desplazado por otro tipo de programación. En esta etapa el niño concibe al objeto como permanente y puede disociar claramente sus desplazamientos de los del objeto.

Por último, el cerebro del niño desemboca en una etapa racional en la que el espacio se concibe como un esquema general del pensamiento. Se desarrolla el concepto de perspectiva y la posibilidad de hacer representaciones mentales con ella. El niño ya puede concebirse como un objeto más dentro de un espacio homogéneo.

Para que se produzca un desarrollo normal de esta capacidad es necesario que el niño interactúe con el medio que le rodea, dándose posibilidades de experimentar con él. El mismo Piaget decía que la coordinación de movimientos era esencial para la construcción del espacio. Parques infantiles, actividades deportivas, libertad de movimientos... Todo, siempre y cuando se vele por la seguridad del menor, será indispensable para desarrollar la orientación espacial.

Mira a la derecha y a la izquierda del tiempo y que tu corazón aprenda a estar tranquilo.

Federico García Lorca

(1898-1936) Escritor español.

Ya en la etapa adulta, y mirando nuestras actividades cotidianas, nos damos cuenta de la importancia que tiene el sentido de la orientación. La utilizamos para multitud de situaciones: cuando conducimos, cuando queremos llegar a un punto de la ciudad, cuando estamos en un edificio nuevo, cuando interpretamos un mapa, cuando viajamos e incluso cuando jugamos a un determinado videojuego.

No todos utilizamos esta capacidad de la misma forma. De hecho, existen diferencias significativas entre hombres y mujeres. Los estudios en neuropsicología han demostrado que, ya desde etapas intrauterinas, el cerebro masculino y el femenino presentan diferente fisiología y, por tanto, una mayor o menor especialización en ciertas capacidades.

Por ejemplo, el hombre es mejor en tareas espaciales como rotar mentalmente un objeto o imaginarlo en 3 dimensiones, dar en el blanco o aprender una ruta. Por otra parte, la mujer le supera en tareas que tengan que ver con la fluidez verbal y la utilización del lenguaje.

Estas diferencias fundamentan los tópicos sobre hombres y mujeres como, por ejemplo, que ellos no saben escuchar y ellas no saben interpretar mapas. A pesar de que la evidencia biológica está presente, no tenemos que olvidar la importancia de la plasticidad de nuestros cerebros. Ya vimos en la introducción del libro que todas las capacidades con estimulación y entrenamiento pueden dar mucho más de sí. Y el hecho de que nuestros cerebros sean diferentes no implica que existan profesiones que no puedan realizar mujeres u hombres por sentirse en desventaja funcional. El aspecto ambiental y cultural tiene un papel tan importante como el biológico.

Cuando estamos ante cerebros que presentan alguna lesión o problema de desarrollo aparecen los trastornos asociados a esta capacidad. En los capítulos de Lenguaje y Cálculo vimos cómo la orientación espacial era necesaria para tareas como la lectura, la escritura o la realización de operaciones aritméticas. Los déficits en esta área dificultarán estas tareas.

La asomatognosia es otro trastorno relacionado con el conocimiento y la representación mental del propio cuerpo. Suele ser debida a alguna lesión neurológica. Los que la padecen son incapaces de reconocer y nombrar en su cuerpo alguna de sus partes. En algunos casos, personas que la padecían se han caído de la cama mientras dormían por empujar asustados su pierna al no reconocerla como propia.

Dentro del grupo de los trastornos del esquema corporal, también se incluyen los que tienen que ver con la lateralidad, o dominancia de un hemisferio cerebral respecto al otro, como la zurdería contraria, que se da cuando se obliga al niño a una lateralidad no dominante para él, o el ambidextrismo, que se da cuando no existe una parte del cuerpo dominante sino que ambas se utilizan indistintamente para realizar tareas.

En los pasatiempos que te presentamos vas a poder entrenar tu orientación espacial. Comprueba ahora hasta qué punto tu cerebro está preparado en este ámbito. ¡No te pierdas!

Quien tiene el espacio tiene el poder.

Karl Haushofer
(1869-1946) Político alemán.

Pasatiempo 55

REVUELTO DE NOMBRES

Dificultad: ✸✸

Con cada grupo de letras podrás formar el nombre de un científico. Se trata de un matemático griego y un físico alemán.

Pasatiempo 56

CONSTRUCCIONES

Dificultad: ✸

Dos de las figuras de la derecha están construidas con las mismas piezas de la construcción inferior mientras que en otras dos sobra una pieza y en las dos restantes les falta una.

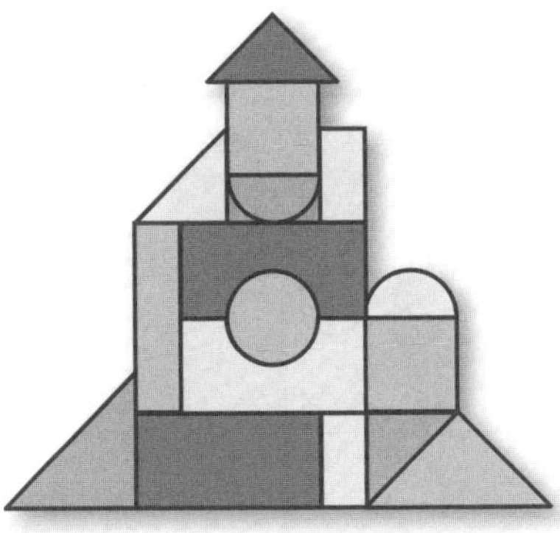

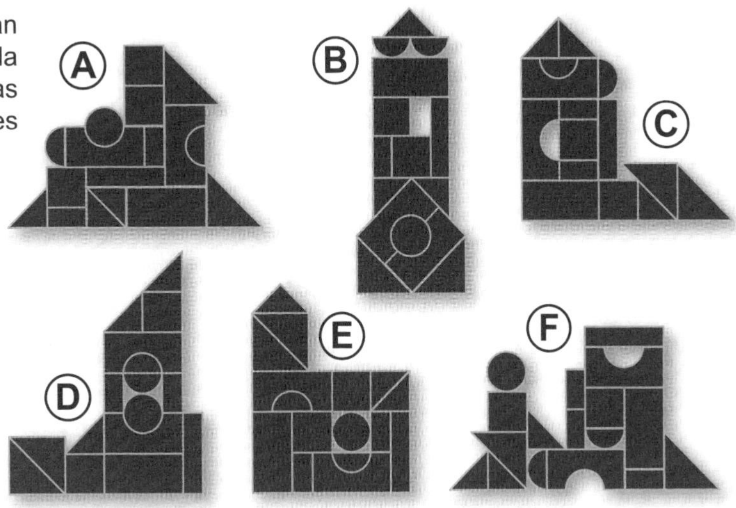

Pasatiempo 57

NAVAJAS

Dificultad: ✸✸✸

Estas dos navajas (1 y 2) son iguales, pero vistas desde distintos lados.

Abajo tienes un conjunto de navajas, entre las que tienes que encontrar dos que sean iguales a los modelos.

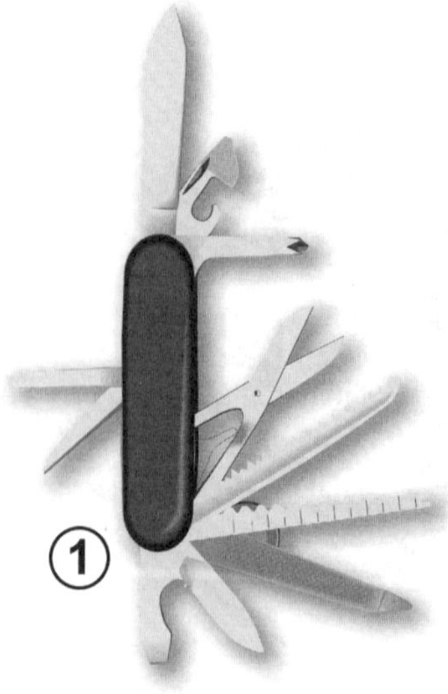

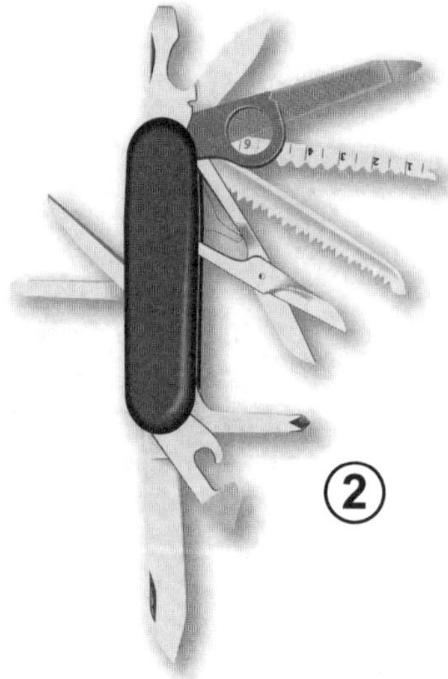

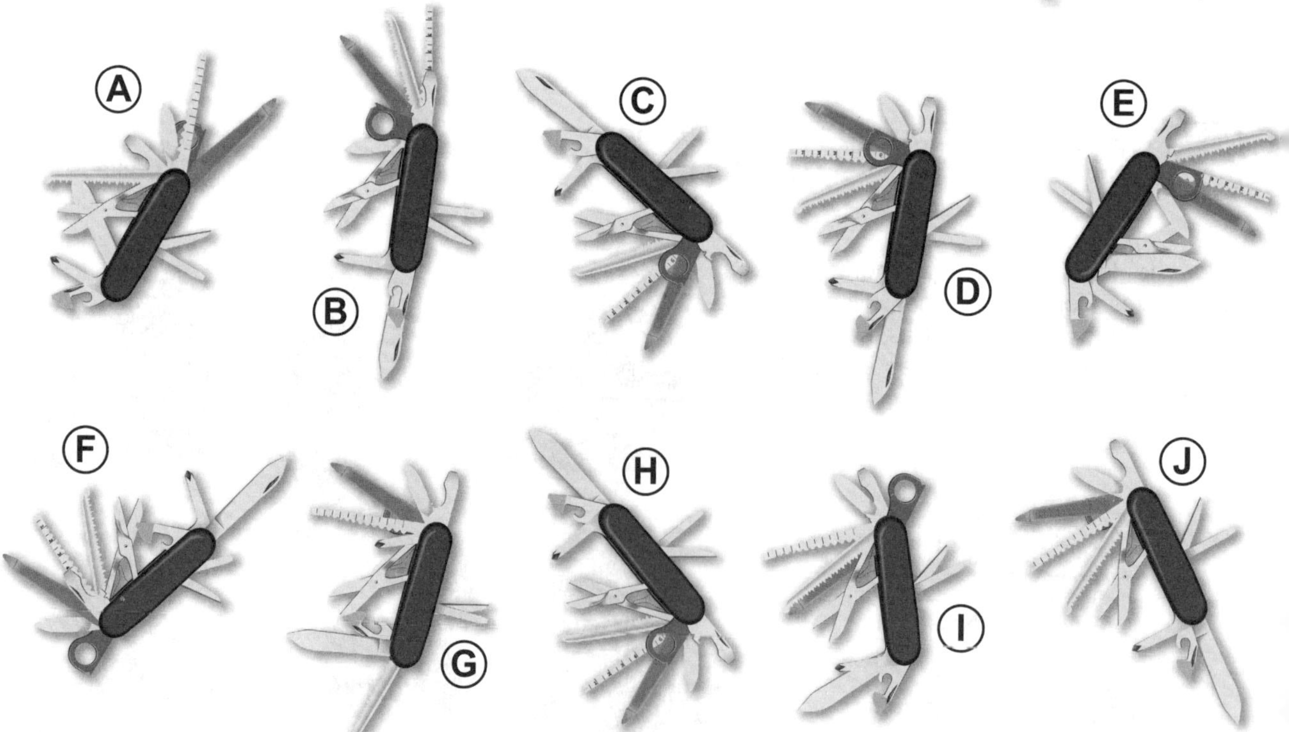

Pasatiempo 58

SELENITAS

Dificultad: ✹

Un selenita se va a ir a la cama porque el sol ya se pone en el horizonte y pronto comenzará la noche lunar. Mientras, la Tierra se ve como si fuese su satélite.

¿Por dónde se pone la Tierra en la Luna: por el este o por el oeste?

¿Puedes descubrir el error cósmico que hay en la ilustración?

Pasatiempo 59a

ACTORES Y ACTRICES [1]

Dificultad: ✹

¡¡MUY IMPORTANTE!!
Antes de pasar la página...

En las dos páginas siguientes te vamos a presentar una serie de imágenes de actores sobradamente conocidos. Son ilustraciones completamente normales, con la única salvedad de que están boca abajo. Debes escribir el nombre de cada uno de ellos sin volver el libro, y cuando los hayas escrito todos será cuando puedas comprobar los que has acertado.

Por ejemplo, en la imagen de la derecha, ¿sabes de qué actriz se trata? Si no la has podido identificar, vuelve el libro y comprobarás que se trata de Jennifer López.

Ahora pasa la página y mucha suerte.

Pasatiempo 59b

ACTORES...

¡¡NO VUELVAS EL LIBRO!!

Hasta que hayas terminado de escribir todos los nombres tanto de los actores de esta página...

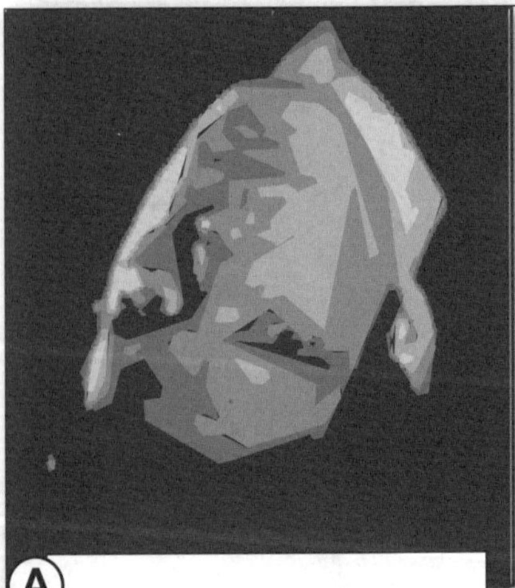

A

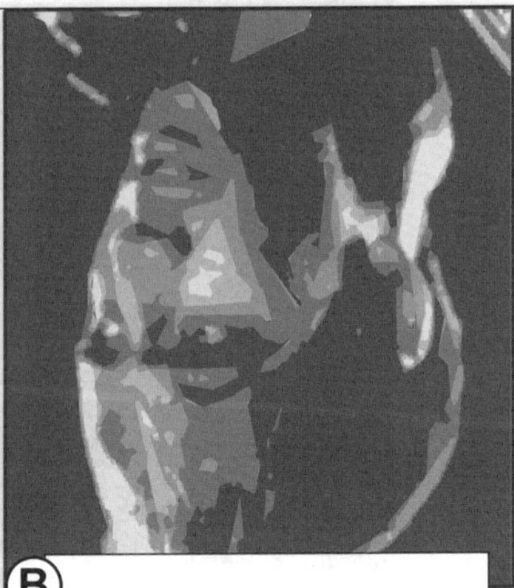

B

C

D

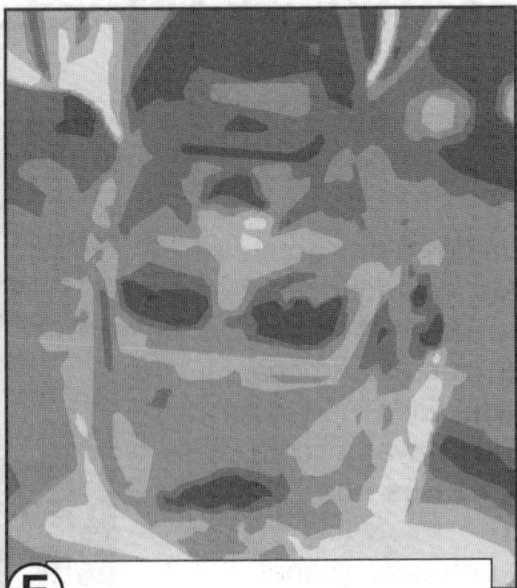

E

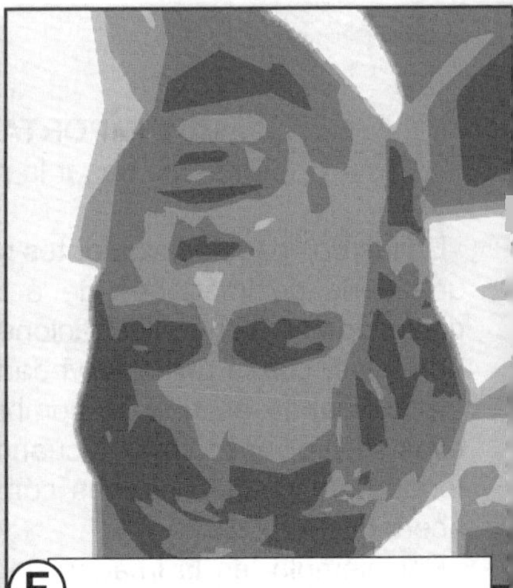

F

... Y ACTRICES [2]

... como de las actrices de esta otra página.

G

H

I

J

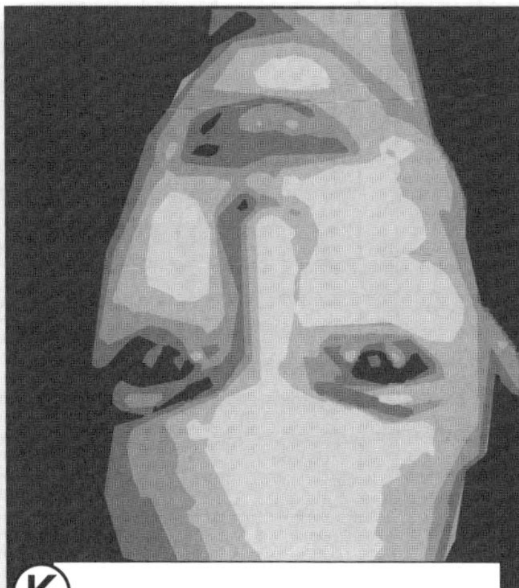

K

L

Pasatiempo 60

PLEGADOS

Dificultad: ✸

Tras los sucesivos plegados A, B y C, se reduce un cuadrado de papel a un pequeño triángulo (D). Si se realiza a continuación un corte de la forma que se ve en negro (E) y se vuelve a desplegar el papel nos encontraremos con los agujeros que se muestran en F.

Abajo tienes 15 papeles que han sido realizados dándoles los 15 cortes con las formas de los triángulos de la derecha.

El objetivo del pasatiempo es emparejar cada triángulo con su correspondiente cuadrado.

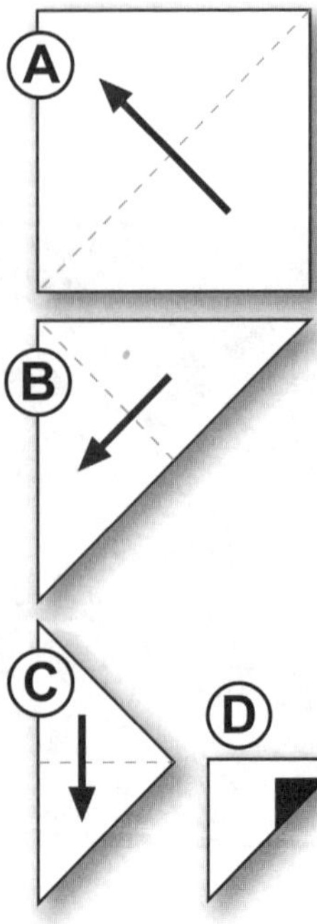

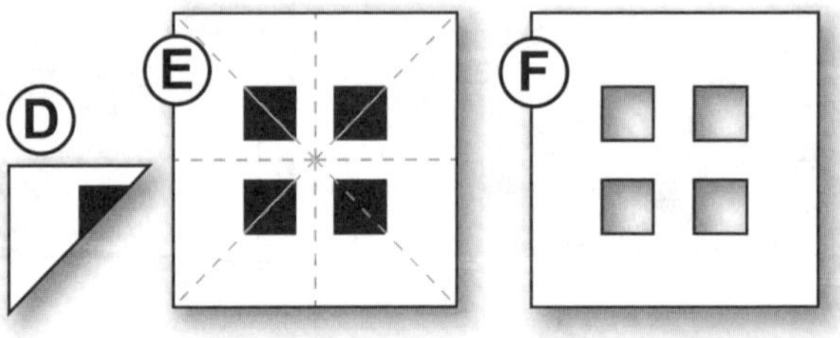

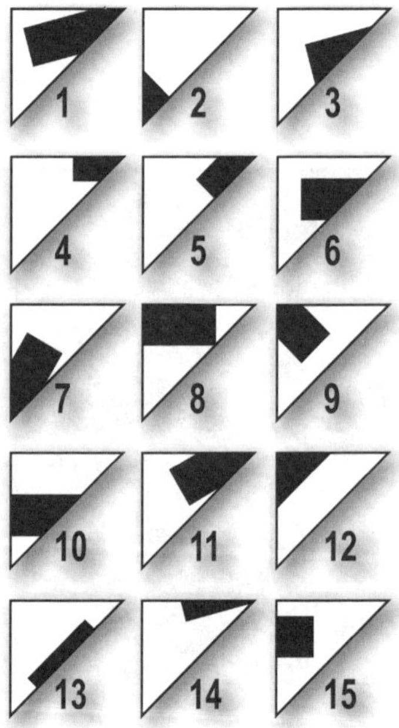

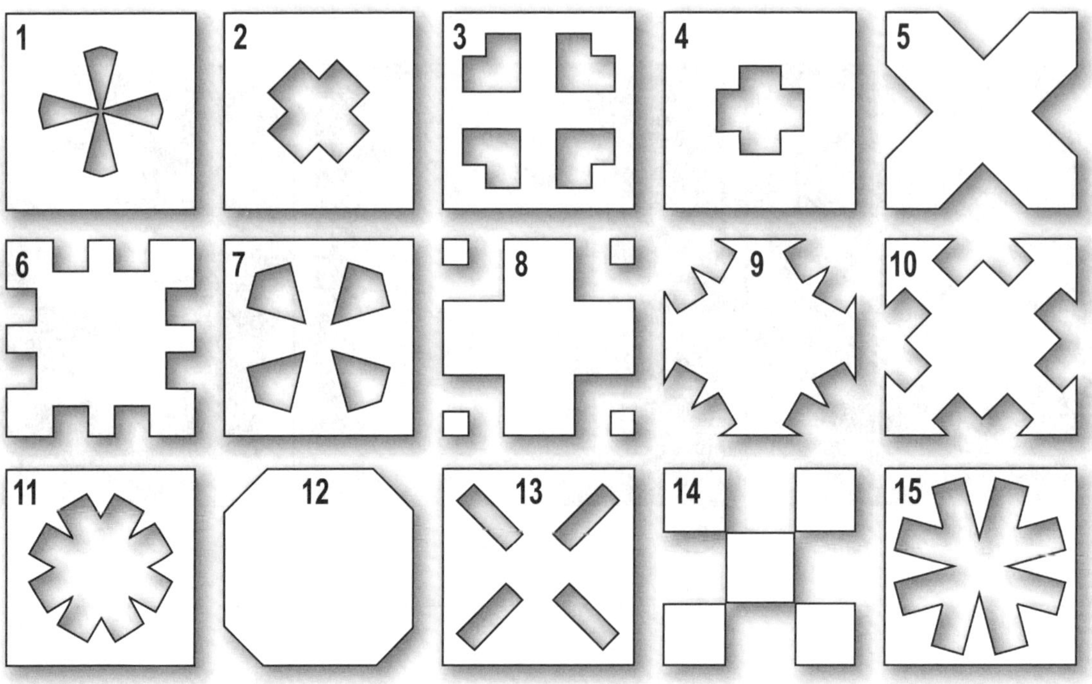

Pasatiempo 61

SOPA DE DADOS

Dificultad: ✱

Te presentamos tres sopas de dados en 3 dimensiones. Están realizadas a base de dados con una letra en cada una de sus caras.

1. En esta sopa has de encontrar las 7 notas musicales. Una palabra puede empezar en una cara y terminar en otra. Debes utilizar todas las letras, e incluso habrá 3 de ellas que las utilices en dos palabras distintas. Las palabras pueden comenzar en una cara y finalizar en otra.

2. En esta otra sopa de 3x3x3 dados has de encontrar los nombres de todos los gases nobles menos uno. También en este caso pueden empezar las palabras en una cara y terminar en otra.

3. Tienes que encontrar en la sopa más grande los nombres de los nueve planetas del Sistema Solar (incluido el que ya no lo es), pero tienes que tener en cuenta que esta vez no están escritos en línea recta, sino que sólo cumplen la condición de que las letras sucesivas de cada palabra estén en dados contiguos, incluso en diagonal, sin que se utilice cada letra más de una vez en la composición de una palabra. En cada cara del cubo hay 3 planetas. Te damos colocada la Tierra para que te hagas una idea. Cuando termines de encontrar todas, te sobrarán 4 letras con las que podrás componer el nombre de un satélite.

①

②

③

LÓGICA

PASATIEMPOS

- SuDokus
- La pirámide
- Puzzle numérico
- Horas extra
- Triángulos mágicos
- Monedas
- El gordo
- Wordoku
- Relojes
- Amantes y esposas
- Teatro numérico
- Cruzada hexagonal
- La ruleta

Lógica

El ser humano, con sus razonamientos lógicos, ha conseguido a lo largo de su historia desarrollar la ciencia. Mediante este proceso de reflejar el mundo en nuestra conciencia y, en función de la experiencia, llegar a construir enunciados ciertos o falsos, hemos logrado que el mundo que nos rodea sea más predecible y comprensible. Gracias a nuestros razonamientos lógicos explicamos los fenómenos de la naturaleza y logramos darle un sentido de realidad al medio que nos rodea.

No es necesario ser un gran filósofo para poder poner en práctica este razonamiento. Ni siquiera ser un científico con una carrera profesional brillante. Nuestros propios abuelos, sin ni siquiera haber ido a la escuela, sabían a la perfección, después de observar durante décadas los fenómenos meteorológicos, cuándo llovería o cuándo no se debía sembrar. Por supuesto no eran adivinos sino que ponían en funcionamiento esta capacidad para anticiparse al futuro y así poder organizar su trabajo.

De la misma forma que nuestros abuelos, nosotros, sin saberlo, ponemos en funcionamiento esta capacidad todos los días de nuestra vida. Si saliéramos un día de casa, sin poder saber que nuestro mundo sigue unas normas lógicas y que la mayoría de las cosas ocurren por una serie de causas, viviríamos llenos de temores y fobias.

El hombre ha utilizado esta capacidad desde que tiene la disponibilidad neurofisiológica de hacerlo. Y esto ocurrió mucho antes de que se dedicara a analizar explícitamente cómo era su propio razonamiento. Pero es curioso observar que esta necesidad de saber más sobre uno mismo apareciera por separado, en diferentes civilizaciones de la Antigüedad: la China, la India y la Griega.

La última es la más conocida por nosotros y es la que desarrolló Aristóteles mediante el estudio metódico de los argumentos a través del lenguaje verbal. Mediante esta lógica que más tarde se pasó a llamar informal, el filósofo griego deducía una conclusión a partir de unas premisas o enunciados.

La lógica formal se desarrolló en el siglo XIX y pretendía prescindir del lenguaje para evitar ambigüedades y poseer un carácter universal sin barreras idiomáticas. De esta forma se esquematizaban los pensamientos usando un lenguaje de signos propio, distinto del verbal. Se conseguía así un "metalenguaje" o lenguaje que nos servía para

La ciencia es el gran antídoto contra el veneno del entusiasmo y la superstición.

Adam Smith

(1723-1790) Filósofo británico.

hablar del propio lenguaje. Además de esta esquemática evolución de la historia de la lógica, podemos hablar de dos tipos de razonamientos lógicos: el deductivo y el inductivo.

En el primer caso, la conclusión se infiere a partir de las premisas o afirmaciones por estar incluidas lógicamente en ellas. Por ejemplo: "Si todos los libros tienen autor y esto es un libro, entonces este libro tiene autor".

En el segundo caso se obtiene una regla a partir de un determinado número de situaciones concretas. Como ocurre cuando te presentamos la serie "Una y cuarto, Una y media, Dos menos cuarto" y tú puedes inducir el criterio que las relaciona y continuar con "Dos en punto, Dos y cuarto, etc."

Estos dos tipos de razonamientos deben de complementarse entre sí y trabajar juntos para que la capacidad lógica se desarrolle en su totalidad.

Si bien hemos dicho que continuamente estamos utilizando esta capacidad y que nos sirve para anticipar los sucesos del día a día, también es verdad que no siempre la estamos estimulando todo lo que ella puede dar de sí. Es decir, solemos emplearla para razonamientos simples, que requieren poca energía y menos concentración. Pero conforme aumenta la complejidad del razonamiento e intervienen otras capacidades que hemos visto en este libro estaremos llegando a otro nivel en el que se estarán poniendo en funcionamiento conexiones neuronales en desuso. El razonamiento lógico se puede aplicar al lenguaje, como hemos visto, pero también a las matemáticas, a los conocimientos que tenemos en nuestra memoria, a las imágenes mentales que situamos en el espacio… Como decíamos en la introducción del libro, todas las capacidades vistas hasta ahora se complementan unas con otras y es necesario la existencia de cada una de ellas para poder conseguir que las otras funcionen.

Algún problema en cualquiera de ellas va a afectar inevitablemente a las demás. El hecho de que exista un razonamiento verbal, numérico, espacial… hace que el razonamiento lógico se deteriore precozmente cuando aparece una demencia. La teoría que exponíamos en la introducción del libro sobre la involución de las etapas de desarrollo descritas por Piaget en la enfermedad de Alzheimer se pone de manifiesto de nuevo en este apartado. En esta demencia, se deteriora primeramente lo que el psicólogo suizo llamaba operaciones formales y que se conseguía a partir de los 12 años. Por operaciones formales entendemos la capacidad de generalizar, de inferir, de reflexionar, de planificar y de abstraer.

Usa el método científico: probando varias veces, llegarás a la verdad.

Marco Tulio Cicerón

(106-43 a.C.) Filósofo romano.

Seguidamente se desintegran las operaciones que se alcanzan entre los 7 y los 12 años: las concretas. Dentro de este grupo se encontraría la inhibición de conductas socialmente prohibidas o inadecuadas, categorizar y observar otro punto de vista diferente al propio, coordinándolo y sacando sus consecuencias.

Tras esta etapa, la siguiente en involucionar es la del pensamiento preoperacional (2-7 años). En ésta, el lenguaje y la comprensión de los símbolos son los máximos protagonistas.

Por último, el enfermo de Alzheimer perderá lo que adquirió cuando tenía entre 0 y 2 años: la inteligencia sensoriomotriz; y así aumenta la conducta torpe, lenta y descoordinada.

El razonamiento lógico está ubicado en la zona de la corteza cerebral del hemisferio izquierdo, junto a las funciones de análisis, síntesis y descomposición del todo en sus partes. La estimulación de esta área mediante los pasatiempos que te proponemos ahora va a poner en funcionamiento esas neuronas que te estaban pidiendo lógica a gritos.

¡Dales ese placer!

Si no chocamos contra la razón, nunca llegaremos a nada.

Albert Einstein

(1879-1955) Científico alemán.

Pasatiempo 62

SUDOKUS

Dificultad: ✸

Aquí tienes 3 SuDokus para resolver con diferentes dificultades, un magnífico ejercicio mental.

Si aún no las conoces, éstas son las normas para resolverlo:

1. En cada casilla debe haber un número entre el 1 y el 9.

2. En cada fila, columna o región deben estar los nueve números sin repetir ninguno de ellos. Entendemos por región cada una de las nueve áreas en que se divide el tablero con líneas más gruesas.

La solución a este pasatiempo es única y sólo requiere una buena dosis de lógica.

Nota: Si quieres practicar con SuDokus, puedes hacerlo con los siguientes libros:

- *Los mejores SuDokus*
- *Los mejores SuDokus (2)*
- *Los mejores SuDokus (3)*
- *SúperSudokus* (para nota)

Todos ellos de **Agustín Fonseca** y editados por **Aguilar**.

Fácil

		5		9		4	3	
	9	1			4		7	
				2			9	
					2		6	9
		4	5		9	8		
9	1		8					
	4			1				
	8		4			9	1	
	2	7		5		3		

Regular

		3	9		2	6	7	
	5			8				
		6			3			
8		4						2
	7						9	
9						5		4
			8			2		
				4			6	
	9	8	6		7	1		

Difícil

	5			4				8
		1					7	
		7	8		5	1		
	9			5	8			
			1	6			4	
		9	6		3	7		
	1					6		
3				2			1	

Pasatiempo 63

LA PIRÁMIDE

Dificultad: ✸✸✸

Descubre el criterio utilizado para colocar los números en las casillas de la pirámide e intenta completarla.

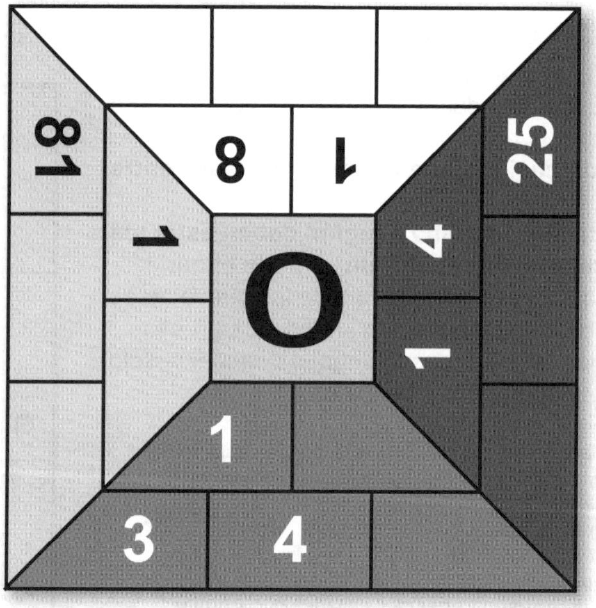

Pasatiempo 64

PUZZLE NUMÉRICO

Dificultad: ✸✸

Sitúa las 5 piezas en las casillas de la derecha para definir una correcta multiplicación.

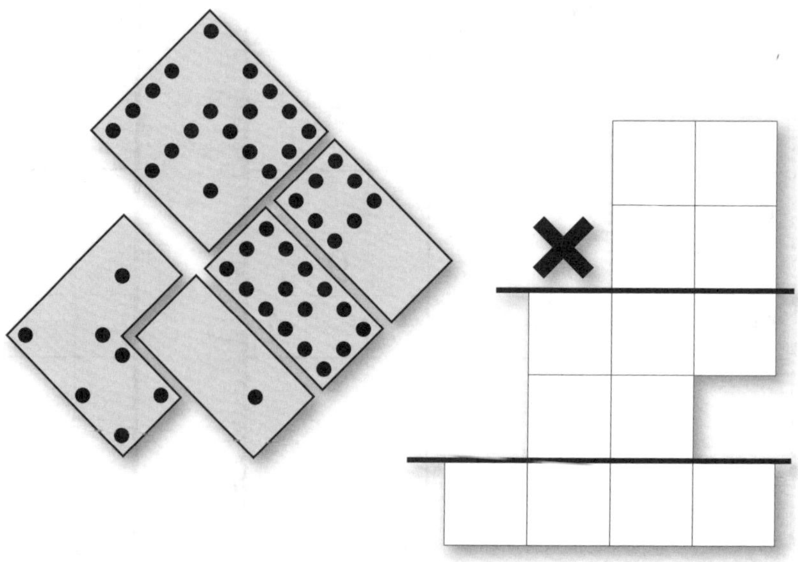

Pasatiempo 65

HORAS EXTRA

Dificultad: ✹✹✹

La última semana de este mes, encargué a mis trabajadores hacer horas extra. Como se llevan tan bien, se pusieron de acuerdo para que cada día de la semana fuera uno solo el que se quedara después de la jornada de trabajo, y al final cada uno se quedó trabajando el tiempo que quiso.

El programa informático de asistencias me ha jugado una mala pasada y me ha dado los resultados como si fuera un ejercicio de lógica, pues me habla de los trabajadores (Jaime, Ramos, Pérez, Alonso y Luis), su antigüedad (1 mes, 6 meses, 1 año, 3 años, 15 años), el día que se quedaron a trabajar (lunes, martes, miércoles, jueves, viernes) y las horas extra que hicieron (1/2 hora, 1, 2, 3, 4).

¿Podrías ayudarme a saber qué dato corresponde a cada uno?

TRABAJADOR	ANTIGÜEDAD	DÍA	HORAS EXTRA

1. Luis, que no se quedó ni el jueves ni el martes, no lleva en la empresa ni un año ni 6 meses.

2. Quien se quedó el jueves hizo cuatro horas extra, dos más que el que se quedó el martes.

3. Lo que trabajaron Luis y Alonso juntos equivale a lo que trabajaron Ramos y Jaime.

4. Ramos tuvo más cara que Jaime, porque se quedó menos tiempo, pero no fue el más "listillo".

5. Los 3 años de antigüedad no son de Jaime, y el viernes no trabajó el que lleva 15 años en la empresa.

6. La primera letra de los trabajadores coincide con la primera letra del día que trabajaron, siempre que sea posible.

7. Pérez, el veterano, trabajó el siguiente día que Alonso y dos días antes que el que tiene 1 mes de antigüedad.

8. Aunque no siempre pasa, no pringó el más novato, pero sí el que trabajó dos días después que Alonso.

9. El que trabajó 2 horas no lleva 6 meses en la empresa.

Pasatiempo 66

TRIÁNGULOS MÁGICOS

Dificultad: ✹

Sitúa los números del 1 al 6 en las casillas de cada uno de los triángulos de tal manera que se obtengan en sus tres alineaciones la misma suma, precisamente la que aparece indicada en el centro.

Para facilitarte las cosas te damos ya resuelto uno de ellos cuya suma "mágica" es 10.

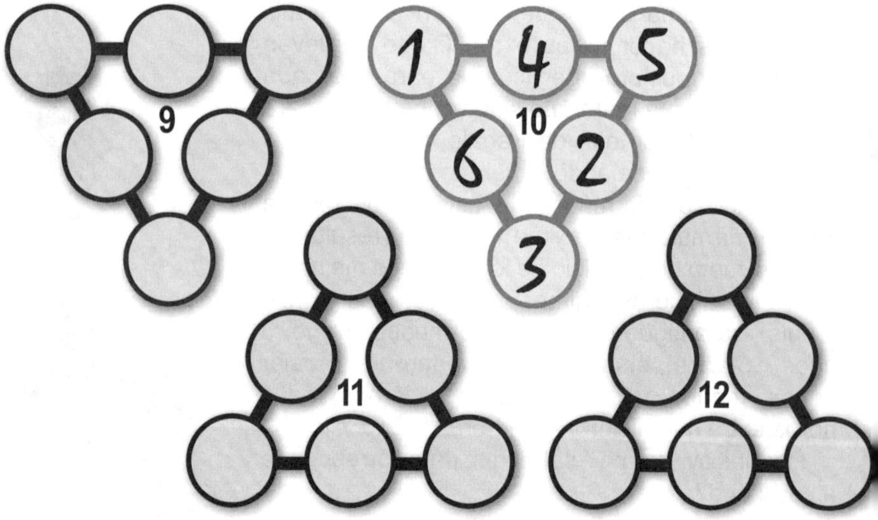

Pasatiempo 67

MONEDAS

Dificultad: ✹✹

Colocar en cada casilla una cantidad de monedas que oscila entre cero y tres.

El objetivo es que los números que aparecen en los laterales se correspondan con la suma de las monedas que haya en cada fila, columna o diagonal, como en el ejemplo inferior.

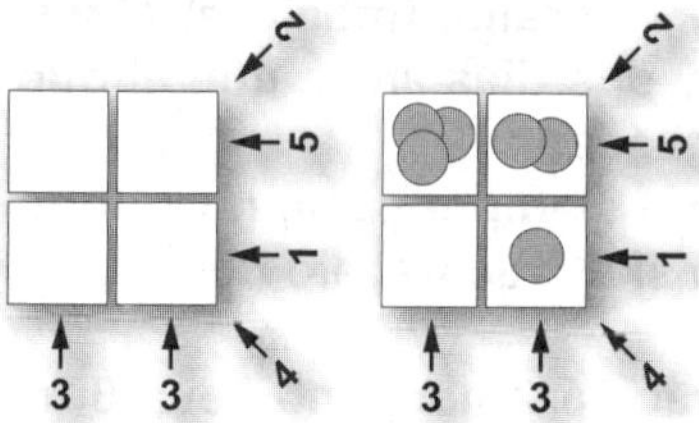

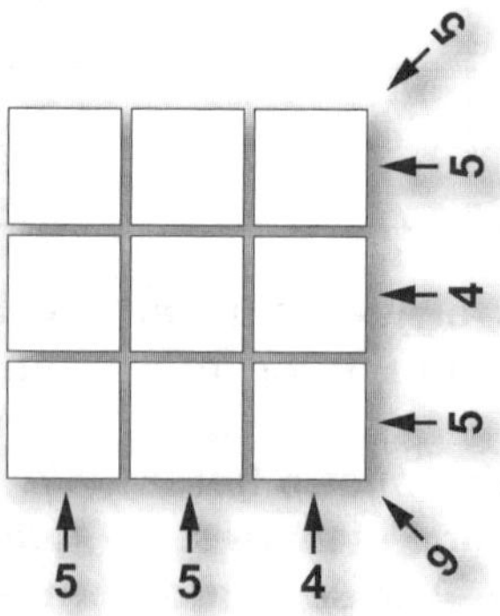

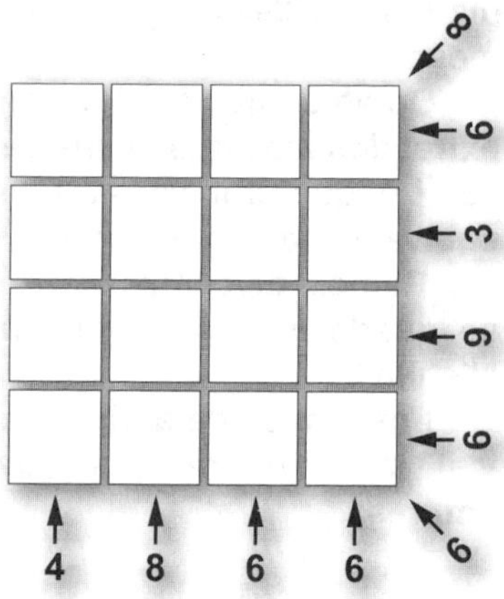

Pasatiempo 68

EL GORDO

Dificultad: ✸✸

En el sorteo de Lotería de Navidad ha resultado premiado el nº 35.621 y en la tienda de mi madre se ha sorteado una cesta que se llevaría el que tuviera la papeleta con las 3 últimas cifras del Gordo.

Hoy han venido a reclamar el premio 4 personas con papeletas. Pero 3 de ellas estaban algo despistadas.

¿Puedes decir la edad y la profesión del agraciado a partir de estas frases?

1. Luis Pérez tiene en su papeleta una cifra 200 números inferior al médico/a.

2. Quien tiene 35 años tiene una cifra 200 números superior a la de Jaime Reverte.

3. Julia Valga tiene un número más elevado que el alcalde o alcaldesa.

4. El secretario o secretaria tiene un número mayor que Marta Leis.

5. El actor o actriz tiene la misma cifra que quien tiene 40 años pero 100 números superior.

6. La persona que tiene 20 años no tiene la papeleta con el número 521.

7. La persona de 25 años tiene una cifra 100 puntos inferior al alcalde o alcaldesa.

NOMBRE	EDAD	PROFESIÓN	NÚMERO
			421
			521
			621
			721

Pasatiempo 69

WORDOKU

Dificultad: ✸

Los Wordokus funcionan como los SuDokus pero con letras, es decir:

1. En cada columna todas las letras deben ser diferentes.
2. En cada fila también estarán todas las letras.
3. Lo mismo ocurrirá con las regiones, cada una de las cuales contendrá las 9 letras.

Si lo resuelves correctamente, aparecerá en las casillas marcadas una palabra, que es tu objetivo.

T		A		U		C		I
E			I		M			N
	M			N			O	
O			E		U			T
A			N		C			E
	O			M			N	
M			C		O			A
C		T		E		O		M

Pasatiempo 70

RELOJES

Dificultad: ✹✹

¿Qué hora debe marcar el reloj superior para que las agujas dividan la esfera en dos partes de tal manera que la suma de los números de un lado sea igual a la del otro?

¿Cómo debería romperse la esfera del reloj inferior en cuatro partes de tal manera que los números romanos de cada parte sumen lo mismo?

Pasatiempo 71

AMANTES Y ESPOSAS

Dificultad: ✹✹

En la primera fila se encuentran **Isabel**, **Rita**, **Carmen** y **Andrea**; en la segunda, **Miriam**, **Rita**, **Lucía** y **Andrea** y en la tercera **Carmen**, **Ana**, **Andrea** y **Lucía**, con lo que podrás deducir los nombres de las que están en la cuarta fila y por tanto su correspondencia numérica.

Todas estas mujeres mantienen relaciones con **Luis**, **Carlos**, **Miguel**, **Francisco** y **Pedro**. Ahora bien, no todas estas relaciones se rigen por el matrimonio.

PISTAS

- **Carlos** y (4) son matrimonio y ella es amante de **Luis**.
- El único amante de (3) es soltero.
- (1) no está casada, pero es amante del marido de **Andrea**.
- **Miguel** es amante de una de las solteras.
- (2) está casada con el amante de **Carmen**.
- **Lucía** está casada con **Pedro**.
- **Francisco** está casado y es amante de **Miriam**.
- **Isabel** no está casada, pero es amante del marido de la amante de **Luis**.
- **Andrea** está casada.

A. ¿Quién es el único soltero del grupo?
B. ¿Quién es el marido de Carmen?
C. ¿Cuántas mujeres solteras hay en el grupo?

NOMBRE	ESTADO CIVIL	CÓNYUGE	AMANTE	NÚMERO
ISABEL				
RITA				
CARMEN				
ANDREA				
MIRIAM				
LUCÍA				
ANA				

Pasatiempo 72

TEATRO NUMÉRICO

Dificultad: ✹✹✹

La expresión de cada cara representa un número del 0 al 9 para poder resolver la suma.

1: Sabiendo que los que están de espaldas tienen una de las tres expresiones, ¿podrías descubrir el número de cada cara?

2: ¿Qué expresión tiene el de espaldas que aparece en el resultado de la suma?

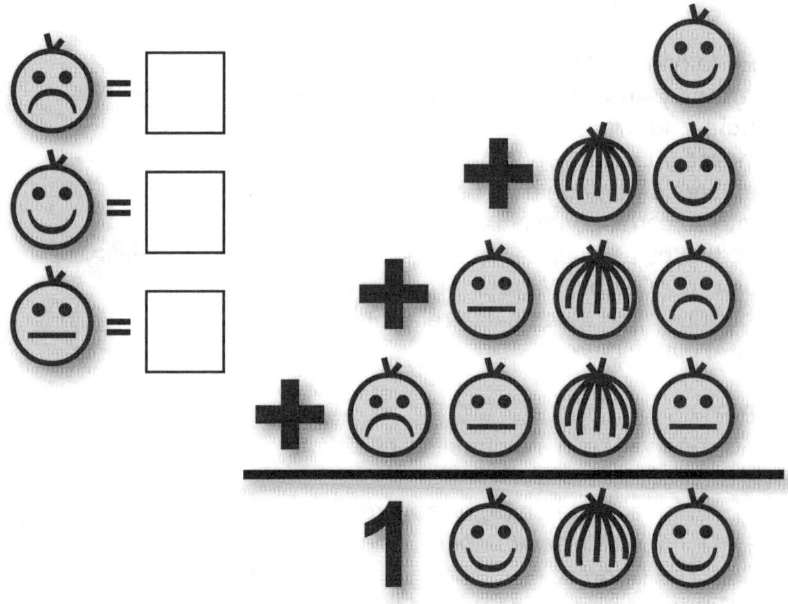

Pasatiempo 73

CRUZADA HEXAGONAL

Dificultad: ✹✹

Sitúa en esta cruzada las palabras de la lista sabiendo que se pueden leer de izquierda a derecha o viceversa.

5 letras	**BRAMAR**	**ONAGRO**
IRISA	**BRAZOS**	**REMERO**
PRESA	**CALLAR**	**RETIRO**
TRACA	**CANANA**	**SALIVA**
6 letras	**CANTAR**	**ROEDOR**
ACABAR	**CATETO**	7 letras
AVANZA	**CHIVAR**	**ARRIADA**
BALADA	**CHOQUE**	**ARRIERO**
BOLERO	**ELEVAR**	**CALESAS**

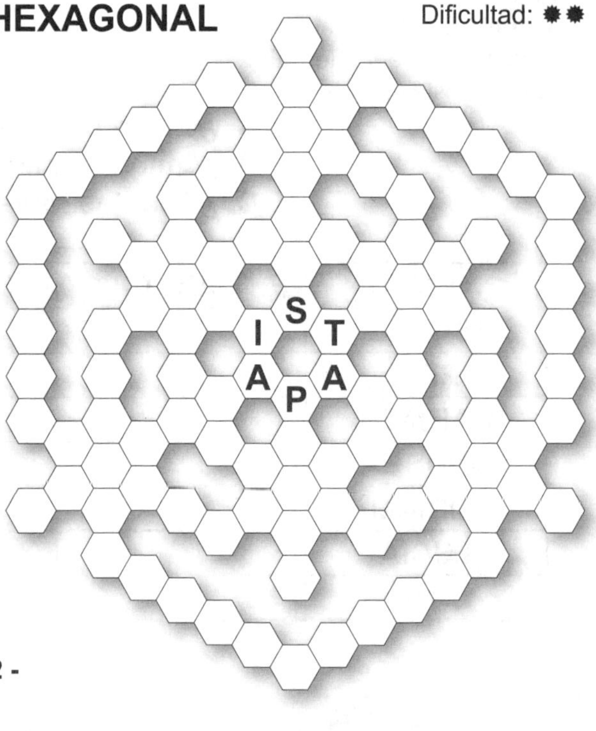

Pasatiempo 74

LA RULETA

Dificultad: ✸✸✸

En el juego de la ruleta (A) hemos tapado los números, lo mismo que en su tapete (B), en el que también hemos cambiado el orden de los 36 números del 1 al 36, que debes colocar adecuadamente en el encasillado (C), teniendo en cuenta estas pistas:

1. Sólo dos –uno negro y otro rojo (gris)– se corresponden con su color y lugar. El resto, si eran negros, siguen siendo negros en la nueva disposición, aunque ocupan lugares diferentes al original.

2. El tapete tiene 3 columnas y 12 filas cuyas sumas te damos al lado.

3. La secuencia de cifras (D) es la auténtica secuencia de la ruleta y sólo tienes que separar los dígitos para formar los números correctos en el encasillado circular (E).

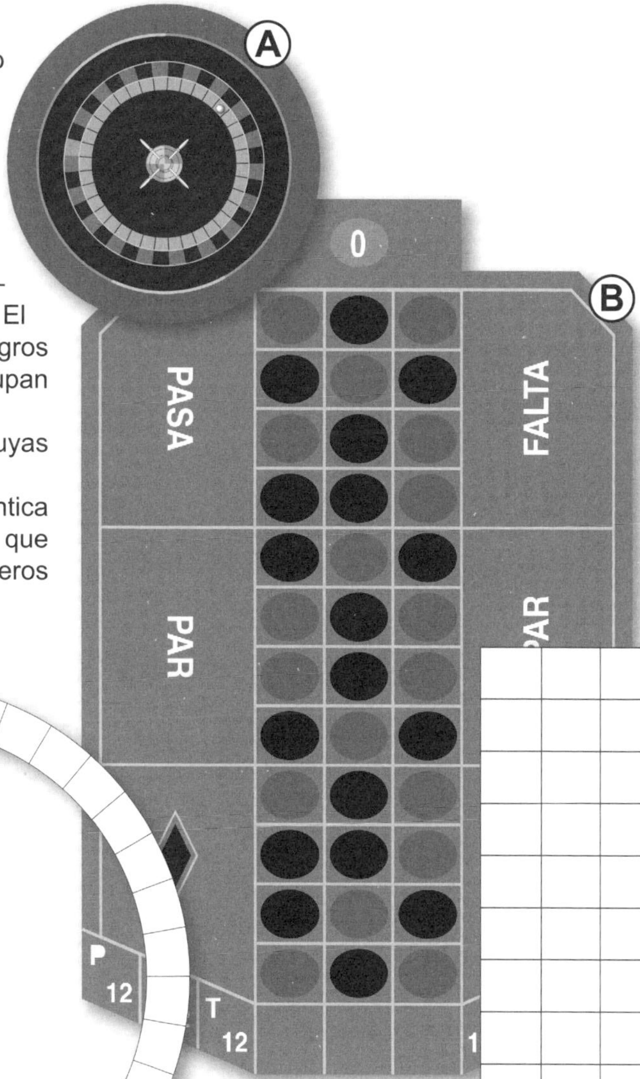

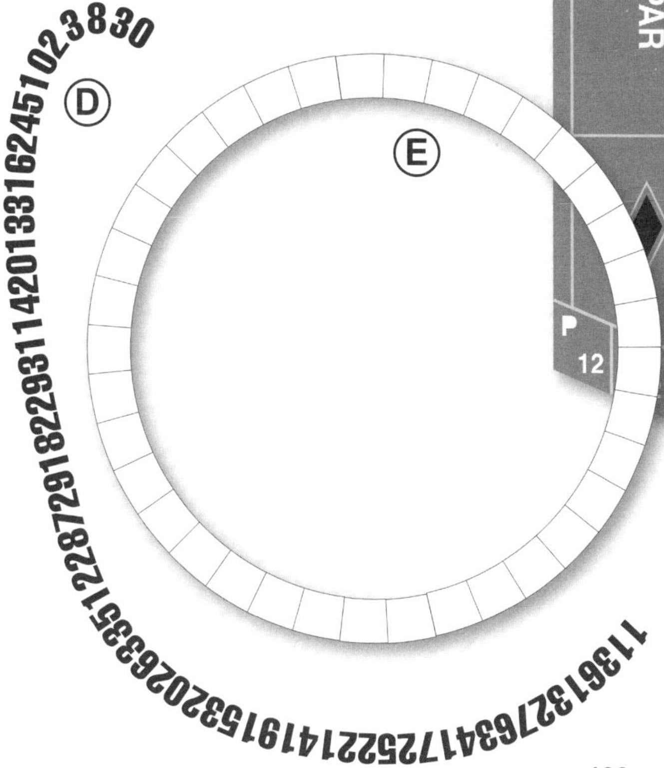

(C)

			38
			28
			23
			89
			42
			59
			66
			67
			60
			70
			60
			64
238	208	220	

MÁS COSAS SOBRE TU CEREBRO

CAPACIDADES

- **Creatividad**
- **Humor**

Más cosas sobre tu cerebro

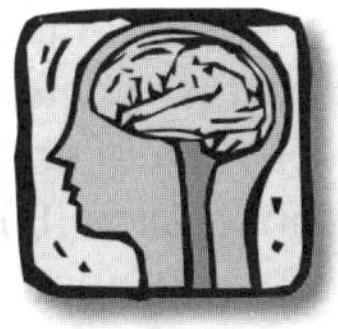

En los capítulos anteriores hemos explicado por separado una serie de capacidades de las que se encargan unas zonas determinadas de tu cerebro. Hemos defendido la idea de lo importante que es mantener estimuladas estas zonas de la misma forma que lo es ir al gimnasio para que nuestros músculos se mantengan activos. Este ejercicio, en sí, ayuda a sentirnos mejor con nuestro cuerpo, a responder más rápidamente a los problemas diarios, a interaccionar con más éxito en nuestro medio. En definitiva, a procesar mejor la información de la realidad externa y obrar en consecuencia. Sin embargo, no somos meros robots que reciben información con su zoom, la mastican, la almacenan y la recuperan cuando les es necesario. Tampoco somos meras calculadoras, ni tampoco simples enciclopedias donde buscar un dato, un hecho concreto. Y por descontado tampoco somos máquinas capaces de solucionar sudokus sea cual sea el nivel de dificultad. No nos equivocamos al afirmar que nuestro cerebro es mucho más que eso. Gracias a él también nos emocionamos, nos sentimos pertenecientes a un grupo, nos motivamos o desmotivamos ante una tarea, sentimos placer aunque también dolor, respiramos, sentimos la vida y, lo que es más importante, creamos. Está claro que la nuez que tenemos dentro de nuestro cráneo es mucho más que eso y aunque estamos aún lejos de conocerla en su totalidad y comprobar de todo lo que es capaz, sí es verdad que podemos hacernos una idea de cómo es. A continuación te vamos a explicar más cosas sobre el cerebro para que tengas una idea global sobre su funcionamiento.

> *Los hombres pertenecen al reino animal..., pero algunos más que otros.*
>
> **José Juan Botelli**
> (1923-) Compositor argentino.

Lo que entendemos por cerebro es sólo una parte más de toda la red de ramificaciones nerviosas que conforman el sistema nervioso.

Este último se divide en central, que incluiría todo lo que tenemos dentro del cráneo y la médula espinal, y el periférico, al que pertenecen todos los nervios que conectan el central con el resto del cuerpo. Estos últimos son los portadores de información que viaja en ambas direcciones entre los diferentes órganos y la zona cerebral encargada de su gobierno.

El sistema nervioso central se prolonga a través de la columna vertebral gracias a la médula espinal. Ésta es la principal autopista nerviosa del cuerpo humano, ya que conecta directamente con el encéfalo, que es un conjunto de órganos ubicados en nuestra cabeza

Mantén viva en tí la facultad del esfuerzo, sometiéndola cada día a un pequeño ejercicio gratuito.
William James
(1842-1910) Filósofo estadounidense.

y encargados de funciones muy diversas. Lo podemos dividir en tres partes: posterior, medio y anterior.

El encéfalo posterior es el que alberga el cerebelo (A) y el tronco encefálico (B). El cerebelo es una masa situada a la altura de la nuca que se encarga del mantenimiento del equilibrio, la propia percepción del cuerpo y la regulación del movimiento voluntario, mientras que el tronco encefálico es una zona comprendida entre la médula espinal y la base del cerebro con forma de tronco. Esta parte es la más primitiva y salvaje del ser humano. Lo forman el bulbo raquídeo (C), la protuberancia (D) y el mesencéfalo (E) y tiene un papel muy importante en el control de la vida instintiva y en la regulación del propio organismo, pues se hace cargo de actividades básicas como la regulación del hambre, la sed, el impulso sexual, la temperatura del cuerpo, la respiración, el pulso...

El encéfalo medio es el que une los otros dos encéfalos a través de los pedúnculos cerebrales, ubicados en el mesencéfalo.

Por último, el encéfalo anterior o cerebro lo dividimos a su vez en dos partes: el telencéfalo o hemisferios cerebrales (formado por el neocórtex, los ganglios basales y el sistema límbico) y el diencéfalo (formado por el tálamo (F) y el hipocampo).

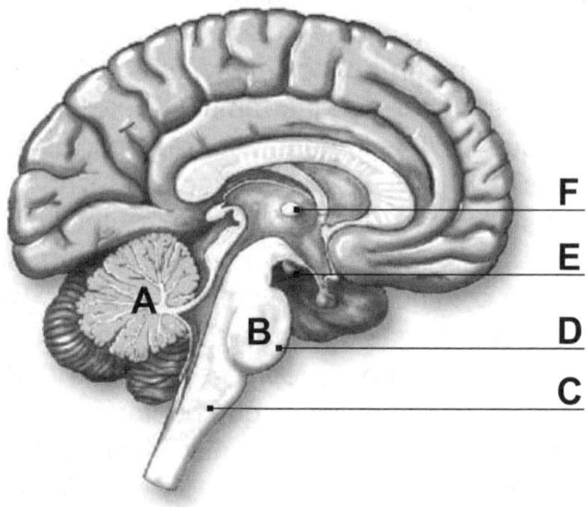

Evolutivamente, el cerebro es la última parte del encéfalo que se desarrolló y comparado con el resto de los órganos encefálicos es, con diferencia, mucho más complejo. Cuando pensamos en un cerebro, vemos una masa de color rosado con muchas hendiduras y arrugas. Cuantas más haya, implica que más replegado sobre sí mismo está el neocórtex. Algunos animales no las tienen, ya que ellos no poseen una corteza cerebral tan extensa, pero en el caso del hombre, si no se replegara, necesitaría una extensión 3 veces más grande de la que ocupa. Las diferentes zonas de la corteza se dividen en los llamados lóbulos cerebrales. Cada uno está especializado en diferentes funciones como el lenguaje, el cálculo, la visión, la audición, la información táctil y gustativa... En total, cuatro zonas diferenciadas que combinan sus especializaciones para dar el mejor rendimiento del cerebro. La mayoría de las capacidades cognitivas que hemos visto en este libro se ubican en esta zona. Estos lóbulos reciben el nombre de frontal (A), parietal (B), temporal (C) y occipital (D) según sea su localización.

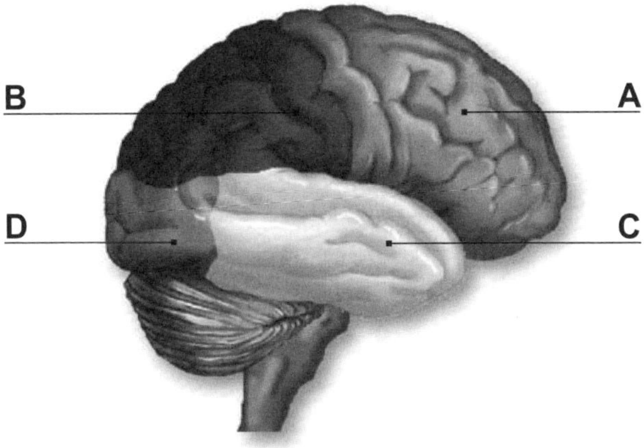

Otra cosa que nos llama la atención al observar el cerebro externamente es su división en hemisferios. Estudios neurológicos han permitido descubrir que los hemisferios cerebrales también poseen una especialización según la tarea a la que esté expuesta la persona. Se sabe que el hemisferio izquierdo interviene cuando tenemos que realizar actividades relacionadas con el lenguaje, el análisis de las partes, la percepción del tiempo o las tareas de razonamiento lógico. Por otra parte, el hemisferio derecho se centra en las actividades creativas y emocionales como la música, la visualización de imágenes y la situación espacial, teniendo más capacidad que su vecino para tener una visión global de las circunstancias.

Ambos hemisferios están conectados por el cuerpo calloso, un mediador que acostumbra a ser más grande en las mujeres, lo que facilita una mayor comunicación. Los hombres suelen tener hemisferios más especializados en sus tareas pero menos comunicados entre sí, lo que les perjudica cuando sufren una lesión en su cerebro, ya que existen menos ramificaciones que permitan la plasticidad neuronal.

Hasta aquí hemos visto cómo funciona el cerebro que piensa, respira, come, resuelve, calcula... pero ¿qué pasa con los sentimientos y las emociones?, ¿acaso no están presentes y nos condicionan en nuestra conducta? El responsable de la afectividad, como vimos en el capítulo de memoria es el sistema límbico. Por su culpa palpitamos cuando nos enamoramos, enrojecemos cuando sentimos vergüenza o palidecemos ante una sorpresa desagradable. Miedo, alegría, odio, rabia, dolor... Es el paso que nos diferencia de las computadoras y gracias al cual existe el arte y la creatividad.

No podemos terminar este libro sin reflexionar sobre este aspecto. Si bien hemos entrenado mediante los pasatiempos las capacidades cognitivas que potenciaban tu inteligencia mental, no podemos prescindir de entrenar otra inteligencia, la emocional.

En el siguiente capítulo hablaremos sobre la importancia de la creatividad y las emociones positivas en nuestras situaciones diarias. Los pasatiempos que lo acompañan te servirán para trabajar estos aspectos.

CREATIVIDAD

PASATIEMPOS

- **Final creativo**
- **Jeroglíficos**
- **Ideando soluciones**
- **El viaje**
- **¿Para qué sirve?**
- **La vida de los demás**

Creatividad

> *Hay quienes cruzan el bosque y sólo ven leña para el fuego.*
> **Leon Tolstoi**
> (1828-1910) Escritor ruso.

Si echamos la vista atrás haciendo uso de nuestra memoria, podremos percibir que desde que éramos más jóvenes se han ido produciendo una serie de cambios en nuestra sociedad. Grandes inventos que nos hacen la vida más cómoda, nuevas tendencias en nuestro vestuario y peinado, nuevas formas de ocio, nuevos intereses culturales... Somos testigos del cambio aunque muchas veces no somos conscientes de él.

La capacidad humana responsable de esta evolución es la creatividad. Ésta se caracteriza por una forma de pensar original e innovadora que se sale de las pautas establecidas.

No hace falta ser un genio creativo para poseer esta capacidad. De hecho, todos somos capaces de innovar y hacer las cosas de otra forma diferente pero muchas veces, para evitar esfuerzos, por falta de una percepción más profunda o por presión del ambiente, acabamos haciendo las cosas como siempre con el riesgo de caer en la rutina y el aburrimiento.

> *Nunca se va tan lejos como cuando no se sabe a dónde se va.*
> **Oliver Cromwell**
> (1599-1658) Político británico.

La introducción de la creatividad como objeto de estudio de la Psicología se produjo a partir de los años 50 de manos del psicólogo americano J. P. Guilford y desde entonces ha sido analizada desde diversas disciplinas.

Hoy en día, a pesar de que no se ha llegado a un consenso en cuanto a su definición, sí se tiene la idea de que la creatividad no es un don, sino la combinación de una serie de circunstancias tanto sociales como personales que a veces son barajadas por la suerte.

En cuanto a las circunstancias sociales tenemos que decir que la opinión de los demás, si es una opinión generalizada que se pueda poner en boca de una gran mayoría, suele ejercer de modulador y muchas veces castrador de ideas creativas. Muchas veces abortamos conductas que se desliguen de la norma por miedo a la vergüenza, a la no aceptación social o al "qué dirán". La sociedad, en realidad, puede ejercer una doble función en cuanto a la creatividad. Por una parte, como hemos dicho, puede censurar injustamente un comportamiento menos normativo y por otra puede realzar la conducta creativa mediante el reconocimiento. A lo largo de la historia de la humanidad, el filo de la sociedad ha ido adjudicando reconocimiento o censura a las personas creativas de una forma injusta, ya que muchas veces las circunstancias políticas y religiosas contaban

> *Para mí no hay emoción o satisfacción comparable a la que produce la actividad creadora, tanto en ciencia como en el arte, literatura u otras ocupaciones del intelecto humano. Mi mensaje, dirigido sobre todo a la juventud, es que si sienten inclinación por la ciencia, la sigan, pues no dejará de proporcionarles satisfacciones inigualables.*
> **Severo Ochoa**
> (1905-1993) Científico español.

con mucho más peso que la idea anunciadora de cambio. En relación a las características personales del creativo, podemos decir que la creatividad estará presente en personas inconformistas, que les guste la soledad, que sean inteligentes pero también tenaces, especialistas en su campo aunque abiertos a cuestionarse las normas y, sobre todo, que lo que hacen les motive de una forma intrínseca, es decir, que lo hagan porque les gusta y les hace sentir bien y no por una retribución o causa ajena a la actividad.

Antes hablábamos sobre la dualidad existente entre hemisferios. Por una parte, tendríamos el hemisferio izquierdo, más científico, analítico, calculador, basado en la razón y la lógica. Y en el lado opuesto el derecho, más soñador, transgresor, creativo, espacial y genérico. Esta forma de buscar respuestas a través de generar opuestos en un continuo ha sido una tendencia del ser humano desde los inicios de su historia. Ayuda a entender mejor el concepto pero no podemos asimilarla al pie de la letra, es decir, tenemos que entenderlo más como un símil que como un hecho fisiológicamente visible. No es ni mejor ni peor ser más creativo que lógico o ver las cosas de forma más analítica que global. Lo adecuado es aprender a utilizar las dos formas de pensamiento por igual, o lo que es lo mismo, aprender a movernos por el mundo utilizando ambas capacidades, ya que tradicionalmente una de ellas ha quedado un tanto desplazada. Es bueno seguir las normas pero también es bueno cuestionárselas e intentar ver todos los puntos de vista. La educación tradicional enseña a los niños valores y conceptos como verdades absolutas. Les enseña a inferir y a dar cuestiones por sentado, pero no siempre les enseña a pensar por sí mismos y a desarrollar todo el potencial disponible. En el ejercicio de la izquierda, tal vez necesites desviarte un poco del pensamiento tradicional o convergente, que te hace inferir presunciones que podrían hacer que nunca llegues a la solución.

En la página 201 puedes ver una posible respuesta al reto en caso de que no hayas encontrado cómo solucionarlo. Para lograrlo, has tenido que utilizar otro tipo de pensamiento que se ha saltado, por así decirlo, las normas establecidas. Un pensamiento que, desde el primer momento, ha supuesto que las líneas no tuvieran que salirse de los 9 puntos. Este razonamiento creativo recibe el nombre de pensamiento lateral y será el que trabajaremos en el siguiente grupo de pasatiempos.

¿Y qué conseguimos siendo creativos? Aunque nos parezca mentira, la creatividad puede ataviarnos de una forma distinta de percibir el mundo. Con ella podemos hacer que cada día sea diferente y sorprendernos nuevamente, como cuando éramos pequeños, de todo lo que nos rodea. La creatividad nos permite flexibilizar nuestro pensa-

Las grandes ideas son aquellas de las que lo único que nos sorprende es que no se nos hayan ocurrido antes.

Noel Clarasó
(1899-1985) Escritor español.

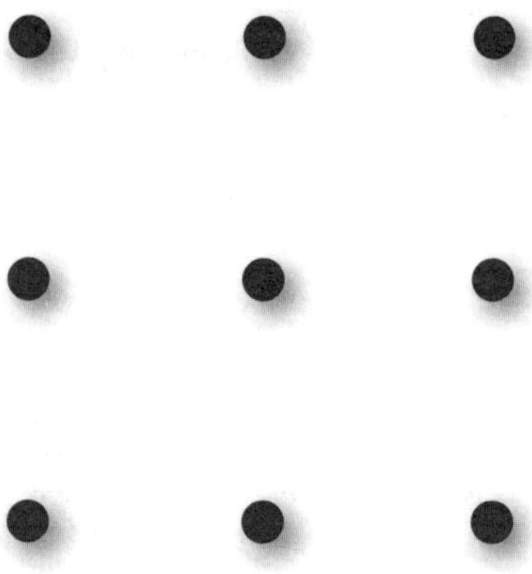

Une los 9 puntos mediante cuatro líneas rectas sin levantar el lápiz.

miento, tolerar los cambios y relativizarlos. Una intención consciente de desarrollarla nos ayudará a entender el mundo desde otros puntos de vista y nos sentiremos mejor ciudadanos del mundo. Esto mismo puede ayudarnos a entender a los demás, de forma que nuestras relaciones interpersonales serán más enriquecedoras. Aumentará la comunicación y sentiremos menos aislamiento con la consiguiente reducción del riesgo de padecer una enfermedad mental.

Como puedes ver, la creatividad es una capacidad de adaptación que puede aumentar la calidad de tu vida. Existen muchas profesiones que la desarrollan pero nosotros, a nivel personal, debemos potenciarla, ya que los beneficios que se barajan son más que evidentes. Si quieres que aumente tu creatividad no es tarde en ningún momento. Incluso en los talleres con personas mayores se logran unos resultados muy gratificantes tanto para los que lo organizan como para los propios interesados. Nosotros te recomendamos que cambies la forma de percibir tu ambiente. Que desarrolles tus sentidos más allá de lo evidente y que veas lo nuevo como conocido y lo conocido como nuevo. Para ser creativo necesitas generar un gran número de ideas. Difícilmente será creativo el que tiene una única gran idea en la vida, sin haber pasado antes por infinidad de ideas imposibles y absurdas. Esta actitud, además, no ha de chocar con tu preocupación por lo que piensen de ti. Sé un poco gamberro (respetando, eso sí, a los demás), desafía las normas, no te conformes con lo establecido y disfruta siempre con lo que hagas.

¿Te parece que puedes ser capaz? A continuación te proponemos más pasatiempos que desarrollan esta capacidad. En el apartado de Soluciones podrás ver posibles respuestas, aunque estamos seguros de que tu creatividad podría encontrar muchas más.

Siempre que enseñes, enseña a la vez a dudar de lo que enseñas.
José Ortega y Gasset
(1883-1955) Filósofo español.

El espíritu creativo es como un océano; se nutre de todos los ríos de la vida.
Tristao da Cunha
(1460-1540) Gobernador portugués.

En los momentos de crisis sólo la creatividad es más importante que el conocimiento.
Albert Einstein
(1879-1955) Científico alemán.

Pasatiempo 75a

FINAL CREATIVO [1]

Dificultad: ✹✹

Las historias que a continuación te proponemos tienen finales abiertos. Es decir, según cómo estimules tu imaginación, conseguirás crear un final más o menos ocurrente, original y creíble. El pasatiempo consiste en desarrollar ese final haciendo uso de tu creatividad.

En la primera historia, te proponemos un desenlace posible para que entiendas mejor el ejercicio. Y para las sucesivas historias incluimos un desenlace en el apartado de soluciones, aunque, por supuesto, en este caso las respuestas no son ni buenas ni malas. Simplemente creativas.

①

EL FINAL DEL PASILLO

Lucía corría nerviosa a través del pasillo de la oficina. Su cara daba muestras de intranquilidad, mientras se aferraba a aquella hoja de papel. En su alocada carrera, notó cómo las luces comenzaron a parpadear hasta que se apagaron.

El silencio acompañó a Lucía, que ya no corría, ni se mostraba nerviosa. Había parado su carrera, se había dejado caer al suelo y comenzaba a sollozar apesadumbrada.

¿Qué había ocurrido?
¿Qué le pasaba a Lucía para estar tan nerviosa?
¿Por qué dejó de correr?

Un final posible:

Lucía sabía que las cosas no iban bien en la empresa. Su jefe se lo había dicho muchas veces y se sabía que no había posibilidades de salvación. Él estaba desesperado, deprimido, y había anunciado a Lucía sus intenciones de suicidarse. Por eso Lucía corría por el pasillo. En las manos, llevaba la solución: el resguardo de la lotería premiado con 3 millones de euros. Tenía que llegar al despacho para comunicárselo al jefe, pero fue demasiado tarde: el pobre se había electrocutado, desesperado ante su desgracia. Con su adiós, dejó los plomos fundidos.

Escribe aquí tu final creativo

Pasatiempo 75b

FINAL CREATIVO [2]

②

PRECIOSAS S.L.

Jacobo ha estrenado local. Se ha mudado desde su antiguo establecimiento familiar a otro del centro de la ciudad para instalar su lujosa joyería. Después de varias reparaciones en la tienda, se muestra muy satisfecho y se dispone a repasar las facturas con la intención de comprobar que todo está correcto para mandar al banco hacer efectivo el pago.

Jacobo no ha reparado en gastos. Además de contratar un buen seguro, ha ordenado que todos los cristales de la tienda sean irrompibles. Sin embargo, comprueba cómo en la factura del cristalero éste le ha cobrado todos los cristales como irrompibles excepto uno. A pesar de confirmar que no le han hecho caso, Jacobo no llama al cristalero ni le pide explicaciones. Al contrario, sigue repasando las facturas, y al final llama al banco porque para él está todo correcto.

¿Se ha vuelto loco Jacobo?

¿Por qué no llama al cristalero para pedir explicaciones?

Escribe aquí tu final creativo

③

¡AMBROSIO, EL POSTRE!

Imaginemos un gran palacio al que una dama de clase alta acude invitada por el anfitrión para disfrutar de una exquisita comida. Cuando llegan a los postres, el camarero les sirve una apetecible tarta. La dama se encontraba dichosa de llegar a aquel punto, ya que disfrutaba enormemente de los postres y, para su fortuna, no tenía ningún problema de sobrepeso que le impidiera dar rienda suelta a su pasión gastronómica.

Sin embargo, volcó deliberadamente sal sobre el postre y se disculpó ante el anfitrión por su estúpida torpeza. Seguidamente, el camarero le cambió la tarta por otra nueva ración.

¿Qué motivó a la dama para desperdiciar la primera ración de tarta?

Escribe aquí tu final creativo

④

EL RETRASO

Los Smith visitaron este verano el Mediterráneo español. Disfrutaron enormemente del sol y del mar y se molestaron en hacer numerosas fotos para enseñárselas a sus amigos cuando regresaran a Inglaterra. Pero, cuando se acabaron las vacaciones y llegaron a su casa, comprobaron que ésta había sido destrozada por una tromba de agua, y tuvieron que alojarse en casa de unos amigos hasta que pudieran arreglarla.

Al volver a su restaurada casa, el marido llamó a Scotland Yard para avisar de que había un cadáver donde ellos habían estado veraneando. La policía les dio las gracias por colaborar, pero, cuando les interrogaron, se sorprendieron de que les hubiesen comunicado el hallazgo 2 meses después de su estancia en España.

¿Por qué no avisaron antes? Escribe aquí tu final creativo

Pasatiempo 76

JEROGLÍFICOS

Dificultad: ✸

Cada uno de estos jeroglíficos se corresponde con una profesión. Por ejemplo, el A es astronauta.

Échale imaginación y a por los otros 5.

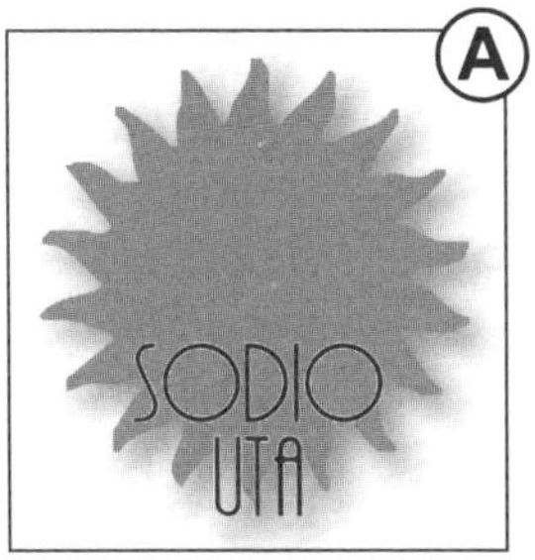

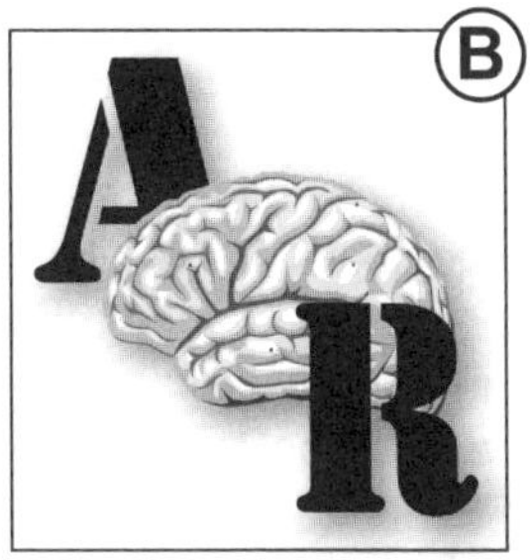

Pasatiempo 77a

IDEANDO SOLUCIONES [1]

Dificultad: ✸✸

Las siguientes historias necesitan que las mires con una visión diferente a la tradicional. Léelas atentamente e intenta dar una respuesta coherente. Para ello tendrás que utilizar tu creatividad y evitar realizar generalizaciones lógicas, ya que éstas pueden impedir que llegues a una conclusión. En Soluciones te proponemos una opción válida para cada caso aunque no es, desde luego, la única opción.

①

INVENTOS

Si tenemos que hacer una tortilla a partir de varios huevos, seguramente no será nada complicado a menos que seamos nefastos cocineros.

Ahora bien, **¿serías capaz de pensar en un sistema que permitiera transformar la tortilla en huevos?**

②

EL TRANSEÚNTE

Un hombre que volvía a su casa tras haber pasado la noche de fiesta caminaba solitario por el medio de una carretera poco transitada. En ésta no había farolas ni tampoco brillaba la luna. La vestimenta del transeúnte era totalmente negra.

A doscientos metros un coche sin luces se dirige hacia él a toda velocidad. En el último momento, el conductor del coche ve al hombre y consigue esquivarlo dando un volantazo.

¿Cómo es posible que lo viese?

③

SENTIMIENTOS ENCONTRADOS

Laura, Carmen e Isabel se encuentran en traje de baño. De repente, Laura empieza a llorar a pesar de estar muy contenta mientras que Carmen e Isabel, desilusionadas, no dejan de sonreír.

¿En qué situación crees que están para que tengan esta contradicción de sentimientos?

④

INTERRUPTORES

En la primera planta de una casa tenemos 4 habitaciones con 4 bombillas. Los interruptores de esas bombillas están en la planta baja, y para encenderlas tenemos que accionar el interruptor antes de subir las escaleras que conducen arriba.

¿Cómo podríamos saber qué interruptor enciende qué bombilla sin hacer más de un viaje?

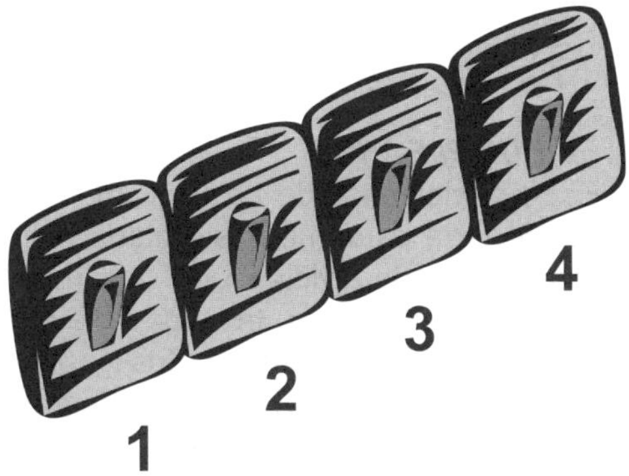

⑤

LA TORMENTA

En un día nublado, Rubén, Fernando, Iván, Luis y Esteban van juntos por un camino. La lluvia no tarda en llegar y los cuatro primeros comienzan a apurar el paso. Esteban, impasible, no hace ningún intento para ir más deprisa. A pesar de esto, los cuatro se mojan y Esteban se mantiene seco. Cuando llegan los cinco a su destino, el grupo consigue guarecerse de la lluvia.

¿Cómo es posible que Esteban no se mojara teniendo en cuenta que todos sólo contaban con los pies para desplazarse y que ninguno llevaba ningún tipo de ropa o paraguas para la lluvia?

⑥

LA MOSCA

No hay nada más desagradable que encontrar una mosca mientras estás comiendo. A Nuria le pasó algo parecido en un restaurante: cuando iba a tomarse el café, reparó en que había una mosca flotando. Se quejó al camarero y éste, muy atento, le retiró la taza. Momentos después regresó con un café nuevo. Nuria probó el café y se levantó toda enfadada acusando al camarero y diciendo que era la misma taza que le habían traído antes a la que sólo le habían quitado la mosca.

Se marchó indignada y con razón, ya que no se había equivocado.

¿Cómo pudo saberlo?

Pasatiempo 77b
IDEANDO SOLUCIONES [2]

⑦

EL CUMPLEAÑOS

Es el cumpleaños de Luis. Su madre le ha preparado una enorme tarta para que sus amigos y él lo celebren. Cuando llega la hora de dividirla Luis desafía a sus amigos con un reto sencillo: le dará su trozo de tarta a aquel compañero que consiga partir la tarta en 8 partes iguales sólo con 3 cortes. Si nadie lo consigue, cada uno tendrá que darle una porción de su trozo. **¿Cómo lo harías tú?**

⑧

EXTRAÑA COMBINACIÓN

Hoy Pedro ha encontrado tirado sobre su jardín dos castañas, una zanahoria, una gorra y un trozo de plástico con forma redondeada mientras estaba cortando el césped. Él no tiene castaños, ni cultiva zanahorias y siempre ha mantenido su jardín perfectamente limpio. Esos objetos no los ha tirado nadie allí a propósito. **¿Se te ocurre una explicación a este enigma?**

⑨

LA CONTRASEÑA

Santiago Bond es un investigador privado. En el caso que le han encargado necesita entrar por la puerta trasera del bar que tiene enfrente pero ha descubierto que para acceder se necesita una contraseña. Para descubrirla, se ha escondido en un contenedor que hay junto a la puerta y se ha puesto a escuchar.

Cuando llega la primera persona y toca el timbre le dicen desde dentro: ***¡Dieciocho!*** El visitante pronuncia: ***¡Nueve!*** Y entra.

Una segunda persona, tras tocar de nuevo el timbre, escucha desde dentro: ***¡Ocho!*** A lo que él responde: ***¡Cuatro!*** Y entra.

Santiago piensa: ***¡Está clarísimo! Simplemente tengo que responder con la mitad del número que me digan...***

Cuando llama al timbre, le dicen desde dentro: ***¡Cuatro!*** Y Santiago responde dispuesto a entrar: ***¡Dos!***

Cuando le abren la puerta le están esperando con armas, dispuestos a reducirlo.

¿Por qué le descubrieron?

¿Qué tenía que haber contestado Santiago?

Pasatiempo 78a

EL VIAJE [1]

Dificultad: ✸

A continuación te presentamos una foto con diferentes objetos. Se trata de que dejes volar tu imaginación y te inventes una historia con sentido, donde todos los objetos se relacionen entre sí.

No hay una respuesta única, sino tantas como tu creatividad permita, pero has de procurar que la historia tenga sentido, sea coherente y contenga la posibilidad de ser cierta.

A continuación te ponemos un ejemplo para que te permita entender el objetivo del juego.

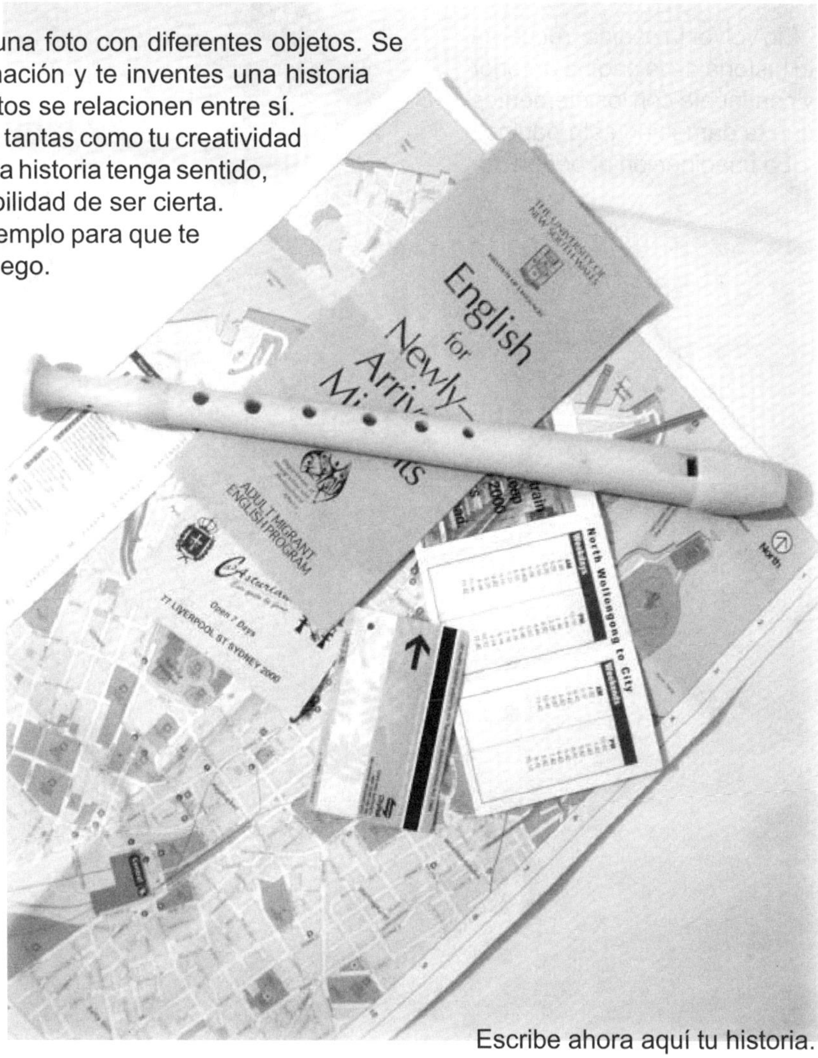

Mario siempre fue una persona con ganas de viajar. Además era un enamorado de la música. Por esto, cuando cumplió 18 años decidió marcharse con su flauta (flauta) y su mochila a ver mundo. Llegó lo más lejos que pudo: a Sydney (mapa de la ciudad). Se instaló en un pueblo llamado Wollongong y desde allí viajaba todos los días a la gran ciudad (horario y billete de tren) para tocar la flauta en la calle y ganar así algo de dinero. Un día, un asturiano afincado allí (hoja de migración), al escucharle y descubrir que era español, le dio la tarjeta de su restaurante (tarjeta) y le invitó a pasarse un día para darle trabajo. Mario accedió agradecido.

Escribe ahora aquí tu historia.

Pasatiempo 78b

EL VIAJE [2]

Sin volver la página, recuerda tu historia de la página anterior y continúala con los elementos que te damos en esta página. ¡La imaginación al poder!

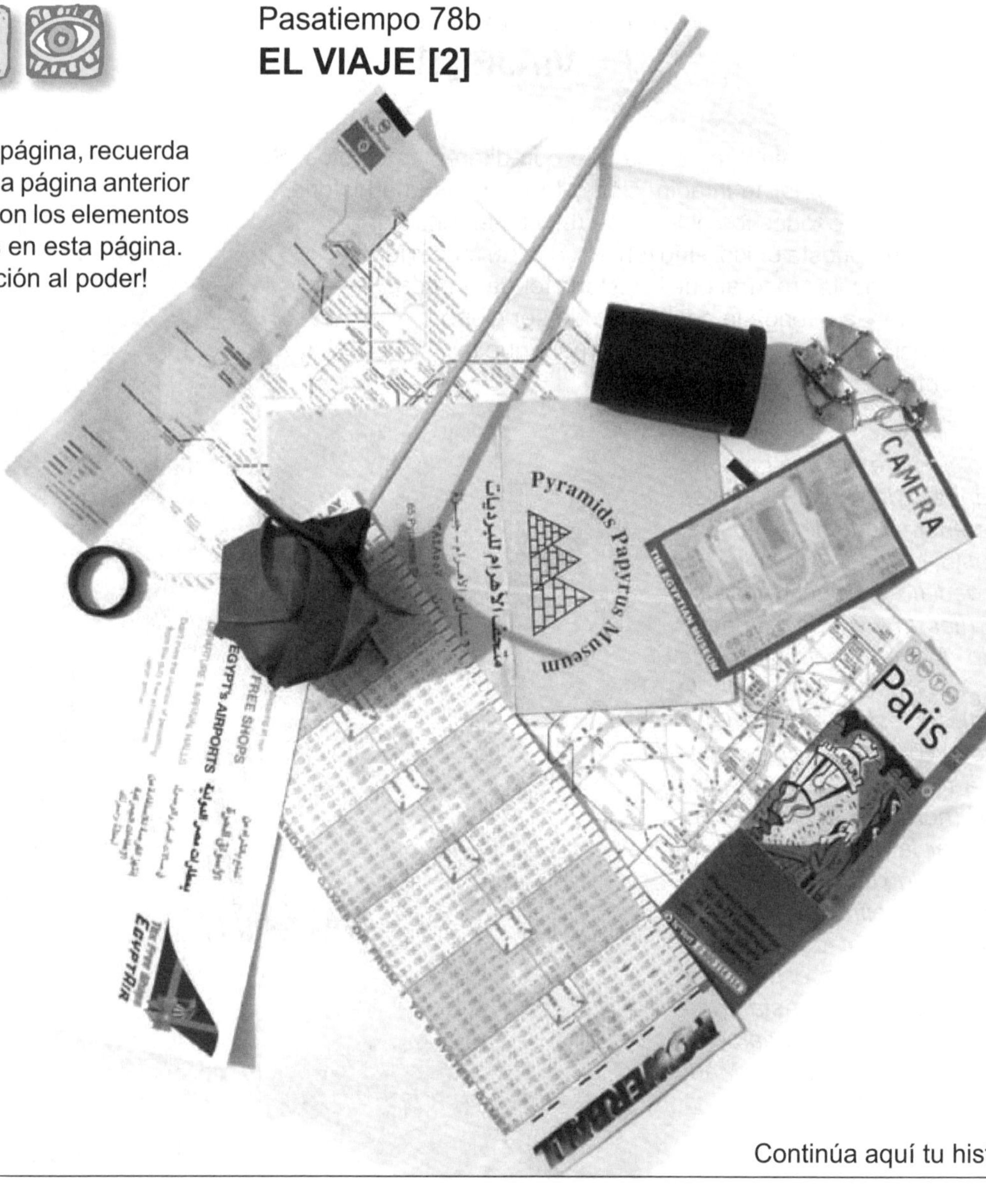

Continúa aquí tu historia.

Pasatiempo 79a

¿PARA QUÉ SIRVE? [1]

Dificultad: ✹

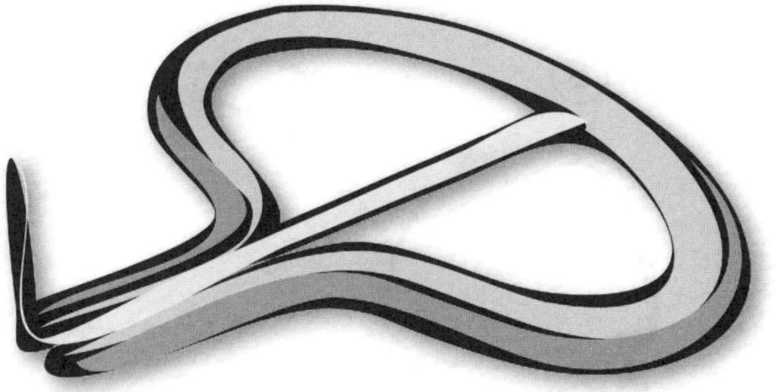

El de la imagen es un instrumento utilizado en muchas partes del mundo. Se llama “arpa de boca” y seguramente lo has oído más de una vez. Por ejemplo, en las películas de vaqueros. Se toca colocándolo sobre los labios y haciendo vibrar la lámina con los dedos. La boca hará de caja de resonancia y los labios influirán en las notas que se emiten.

Entonces, este objeto sirve como instrumento musical pero… podría servir para otras muchas cosas. Tantas como tu imaginación te permita.

Por ejemplo:

-Sirve de trampolín en una piscina de hormigas.

-Para enviarlo al espacio y los que están más allá se planteen qué clase de seres vivos somos nosotros.

-Sirve como catapulta de ratones para asediar al gato.

-También como colgante “fashion”.

Y así un buen listado de funciones. Te invitamos a que inventes utilidades para los siguientes objetos, intentando encontrar la más rebuscada y original. Por supuesto, no puedes incluir en la lista la función para la que el objeto fue diseñado.

Por si los objetos que vas a ver son demasiado raros, en las soluciones te explicamos qué es realmente y para que sirve.

①

Tus utilidades

②

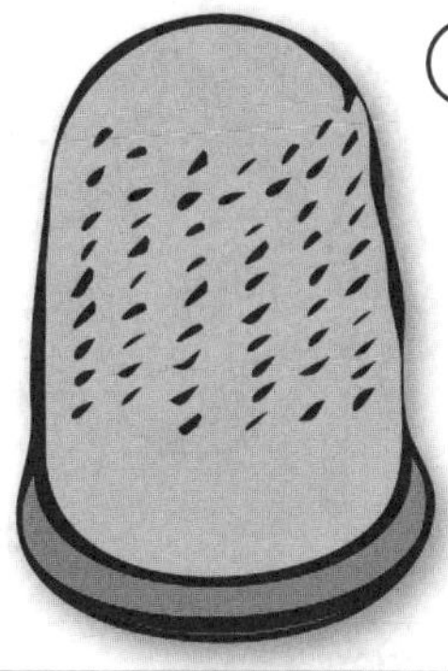

Tus utilidades

Pasatiempo 79b

¿PARA QUÉ SIRVE? [2]

③

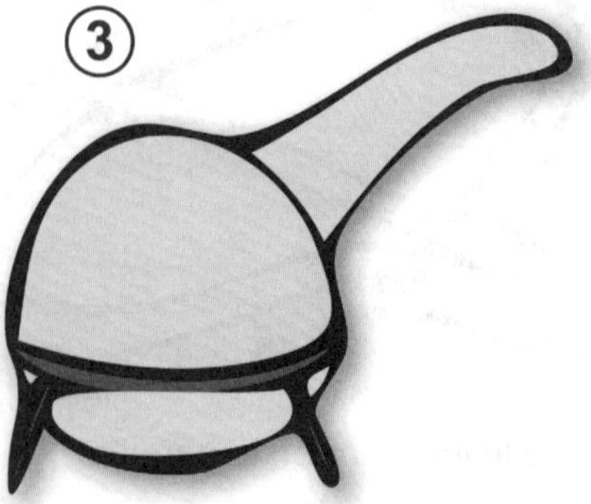

Tus utilidades

④

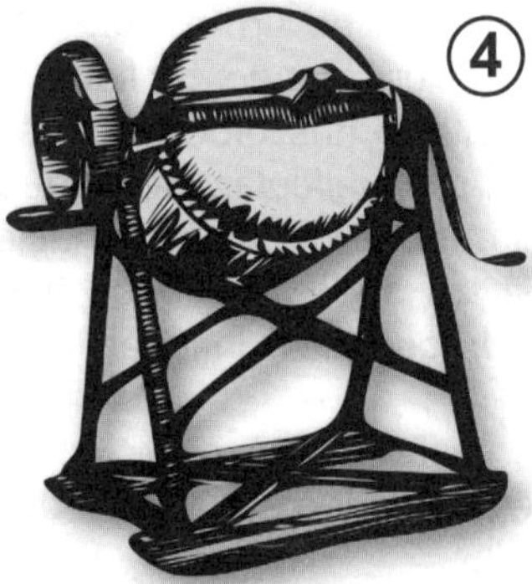

Tus utilidades

⑤

Tus utilidades

⑥

Tus utilidades

Pasatiempo 80a

LA VIDA DE LOS DEMÁS [1]

Dificultad: ✱✱

En nuestro día a día tenemos muchas ocasiones para hacer volar nuestra imaginación. Por ejemplo, cuando vamos en metro o autobús podemos intentar adivinar cómo es la vida de los desconocidos que viajan con nosotros. Solemos fijarnos en el aspecto, en la forma como conversan con quien les acompaña, en la manera de leer un libro o mirar por la ventana. No sabemos nada de ellos pero podemos imaginarlo todo y desarrollar así nuestra creatividad.

Te vamos a presentar una serie de fotografías que retratan momentos puntuales de la vida de unos personajes totalmente desconocidos para ti. El ejercicio consiste en leer más allá de lo que vemos y desarrollar una historia que nazca a partir de la instantánea pero que tenga un final marcado por ti. Te ponemos un ejemplo con la primera y después te dejamos inventando vidas.

EJEMPLO:

Carlos está desesperado. Tiene una entrevista de trabajo decisiva en su vida y justo cuando se dirigía a ella se le estropea el coche en medio de una zona deshabitada.

Para colmo, el móvil no tiene cobertura y todo parece indicar que no va a llegar a tiempo.

Ante esta situación decide abandonar el coche y subir una pequeña colina con la esperanza de que en lo alto su teléfono sí funcione.

Escribe aquí tu interpretación de la fotografía

Pasatiempo 80b

LA VIDA DE LOS DEMÁS [2]

Escribe aquí tu interpretación de la fotografía

Escribe aquí tu interpretación de la fotografía

Escribe aquí tu interpretación de la fotografía

Escribe aquí tu interpretación de la fotografía

Pasatiempo 80c

LA VIDA DE LOS DEMÁS [3]

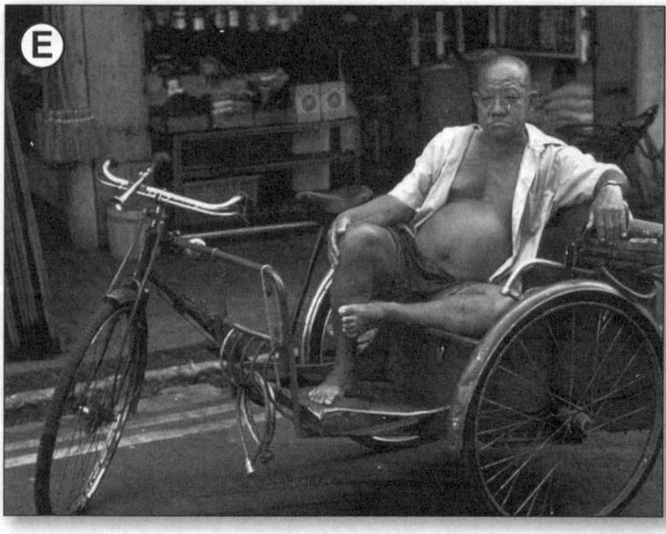

Escribe aquí tu interpretación de la fotografía

Escribe aquí tu interpretación de la fotografía

HUMOR

PASATIEMPOS

- Groucho
- Objetos y personajes
- Sopa de emociones
- El fantasma
- Definiciones
- Chistes
- Arrancando una sonrisa

Humor

Cuando nos van las cosas mal, solemos ser más conscientes de ello que cuando nos van bien. Tendemos a dar por sentado que la alegría y el bienestar nos vienen de fábrica y que es en los momentos en que nos sentimos tristes o deprimidos cuando algo falla.

> *El hecho de que en el mundo de la medicina no hallemos mucho humor ni alegría no impide que el humor siga siendo la mejor de todas las medicinas.*
>
> **Joseph Billing**
> (1825-1884) Médico inglés.

La tradición psicológica también ha tenido esta tendencia: se ha centrado normalmente en emociones negativas como el miedo, la ansiedad, la tristeza o el dolor buscando su causa y la forma de evitarlas, dejando de lado otras positivas como la alegría, el entusiasmo, la placidez o la satisfacción.

Motivado por cambiar esta preferencia por un tipo determinado de emociones, el psicólogo Martin Seligman propuso a finales de los años 90 la aparición de una nueva rama, la psicología positiva, que se centrara en el estudio de estas emociones ya que su importancia en nuestra vida diaria era evidente.

Se sabe que el individuo que fomenta sus emociones positivas logra mejores niveles de socialización, aumenta su salud física y consigue tener un pensamiento más flexible y abierto; de esta manera se logra ser más creativo y sobrevivir ante los cambios del medio. (Véase el capítulo Creatividad).

La psicología positiva se centra en demostrar las bases del bienestar psicológico, la felicidad y el optimismo. Su aparición, un tanto revolucionaria, está demostrando poco a poco la forma de mejorar nuestra calidad de vida desde una posición más preventiva que reparadora. No es una nueva tendencia espiritual o creencia sino que basa sus estudios en un método científico y experimental.

El humor es otra de las emociones en las que centra su estudio esta disciplina. Esta capacidad ha sido valorada por la mayoría de las culturas pero son pocas las investigaciones que se centraron en ella. Es difícil dar una definición que compartan todos los investigadores. Según Seligman una persona con sentido del humor posee la capacidad de experimentar una reacción característica llamada risa y, de esta manera, poder mantener un estado de ánimo positivo.

> *¿Mi pasatiempo favorito? ¡La risa!*
>
> **Tenzin Gyatso**
> (1935-) Decimocuarto Dalai-Lama.

La risa es uno de los grandes misterios de la humanidad. Aún no se sabe muy bien por qué pero es capaz de activar el sistema inmunológico, lo que reduce las hormonas generadoras de tensiones. Cuando nos reímos liberamos serotonina y dopamina, algo que combate directamente enfermedades como la depresión. Además, se estimulan músculos de nuestro cuerpo que antes no estábamos usando y se genera una eclosión en nuestro cerebro por la cual éste se activa y es estimulado de forma muy similar a cuando se está disfrutando de una sensación placentera, como, por ejemplo, un orgasmo.

La capacidad de reírse es algo que también podemos entrenar. Basta con tener la intención de conseguirlo y no hacer demasiado caso al ridículo. Hay diferentes tipos de humor así que no podemos negarnos a desarrollar alguno de ellos. Desde el humor físico, característico de los niños cuando observan conductas patosas y caídas (los payasos son especialistas) hasta el humor irónico, satírico, verde, negro, literario o absurdo, entre otros. A través de estos tipos y mediante juegos, bromas, chistes, situaciones embarazosas o incongruencias logramos que nuestra risa realice su función; su beneficio redunda en todo aquel que la experimenta.

La risa es como un chaleco antibalas: nos protege de las emociones negativas y de las embestidas de la enfermedad.

Norman Counsins

(1915-1990) Periodista estadounidense.

La risa es un fenómeno social e incluso antropológico. Al estudiar las diferentes culturas, se encuentra en casi todas la manifestación del humor. Las culturas orientales le dan más importancia, ya que, según ellas, a través de la risa se puede llegar a la iluminación y la sabiduría, pero las occidentales también la tienen presente y existen festividades y tradiciones que la ponen de manifiesto. Por ejemplo, el carnaval, donde tenemos la oportunidad de reírnos unos de otros mediante la sátira y el sarcasmo, o el Día de los Santos Inocentes cuando todas las bromas están permitidas.

Un humorista es como una aspirina, solo que funciona mucho más rápido.

Groucho Marx

(1890-1977) Comediante estadounidense.

En muchas ocasiones, antes que un medicamento, sería más útil que nos recetaran un humorista. Los hay de muchos tipos pero algunos nos pueden hacer desternillar de risa y otros mantenernos indiferentes. Eso demuestra lo rico y variado que puede llegar a ser el humor. Podemos encontrar desde expertos en humor mudo como Charles Chaplin o el Tricicle hasta auténticos ases del humor absurdo como Faemino y Cansado o Pedro Reyes. La cuestión es encontrar aquel o aquellos que compartan nuestro tipo de humor y después, administrárnoslo en grandes dosis.

Pero el humor no es sólo algo pasivo que observamos como meros espectadores. Podemos aprender a ser humoristas de nuestra propia vida. Relativizarla, ironizarla, satirizarla y reírnos de ella y de nosotros mismos.

A continuación hemos intentando exponerte una serie de pasatiempos que, además de entrenar otras capacidades que hemos trabajado en este libro, tienen como temática el humor. Si despiertan en ti una carcajada o sonrisa estarás, además, disfrutando de los beneficios de la risa.

Pasatiempo 81

GROUCHO

Dificultad: ✸

Las frases que te presentamos son citas del humorista Groucho Marx. En todas ellas falta una palabra que tendrás que escoger entre las de la columna de la derecha para que la frase tenga sentido y resulte cómica. De las 20 palabras, sólo 10 son las correctas.

(A) **Hijo mío, la ——— está hecha de pequeñas cosas: un pequeño yate, una pequeña mansión, una pequeña fortuna…**

(B) **Encuentro la ——— muy educativa. Cada vez que alguien la enciende, me retiro a otra habitación y leo un libro.**

(C) **Nunca olvido una ——— pero con la suya voy a hacer una excepción.**

(D) **Disculpen si les llamo ———, pero es que no los conozco muy bien.**

(E) **Él puede parecer un idiota y actuar como un idiota, pero no se deje usted engañar, es realmente ———.**

(F) **Éstos son mis ———. Si no les gustan, tengo otros.**

(G) **He disfrutado mucho con esta obra de teatro... especialmente en el ———.**

(H) **Es mejor estar callado y parecer tonto que hablar y ——— las dudas definitivamente.**

(I) **Debo ——— que nací a una edad muy temprana.**

(J) **Hoy no tengo tiempo para ———. Traiga la cuenta.**

1. **CALLAR**
2. **IDIOTA**
3. **ALMORZAR**
4. **CONFESAR**
5. **TELEVISIÓN**
6. **PRINCIPIOS**
7. **VENDER**
8. **RUBIA**
9. **CABALLEROS**
10. **PRIMER ACTO**
11. **PENSIÓN**
12. **REÍR**
13. **ESCUELA**
14. **CARA**
15. **PAGAR**
16. **DESPEJAR**
17. **PAPELES**
18. **FELICIDAD**
19. **CAMPEÓN**
20. **DESCANSO**

Pasatiempo 82

OBJETOS Y PERSONAJES

Dificultad: ✸✸

Te presentamos un conjunto de humoristas españoles y extranjeros. A cada uno le corresponde uno de los objetos de las fotos y sólo uno. Descubre hasta dónde llegan tus conocimientos generales sobre estos iconos del humor.

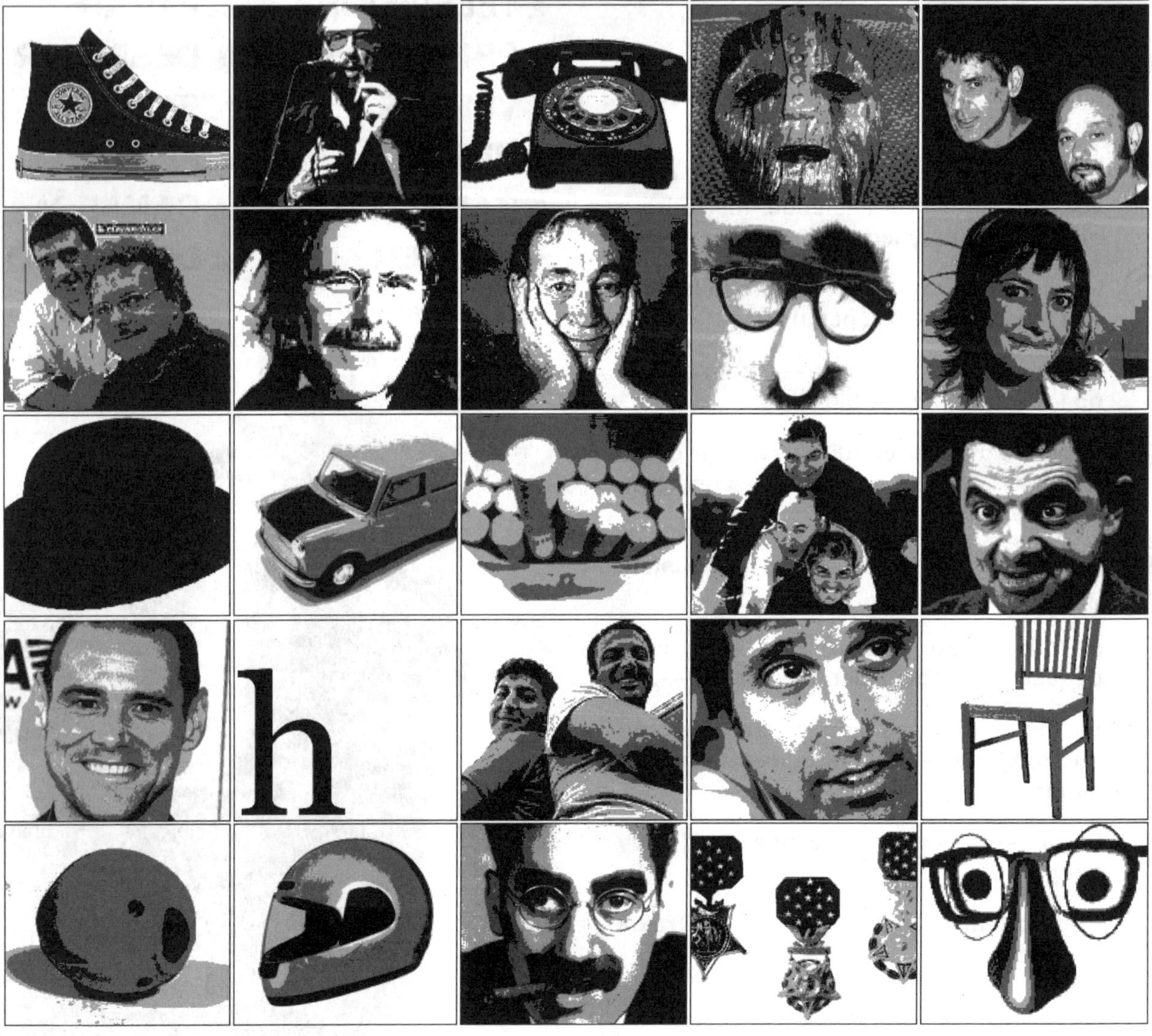

Pasatiempo 83

SOPA DE EMOCIONES

Dificultad: ✹✹

Busca en la siguiente sopa de letras 10 emociones positivas.

F	Z	N	P	L	X	O	Y	D	X	M	M	J
W	T	D	K	A	U	A	I	M	K	W	G	L
E	O	R	G	U	L	L	O	F	M	K	A	M
N	N	E	A	P	Y	E	H	G	X	M	E	C
B	K	D	O	N	Z	N	G	U	O	J	S	Y
A	M	V	G	B	Q	T	A	R	M	S	P	W
N	Z	D	G	F	T	U	R	F	I	O	E	Y
E	I	N	F	L	G	S	I	P	P	A	R	P
X	M	P	H	D	Y	I	T	L	F	J	A	B
S	A	T	I	S	F	A	C	C	I	O	N	R
X	N	K	F	W	Y	S	U	O	Z	D	Z	T
P	Z	O	P	T	I	M	I	S	M	O	A	Y
N	J	F	Y	L	R	O	T	O	A	F	G	D
A	L	B	D	A	A	S	U	A	N	L	L	E
C	E	U	D	N	S	C	H	B	V	K	U	R
S	A	K	C	C	R	Y	I	V	B	V	P	H
K	X	Z	B	G	N	Z	X	D	L	M	I	R
S	H	D	D	T	M	U	Y	N	E	K	Y	U
C	T	E	A	G	K	K	E	K	G	Z	U	Y
L	G	H	T	A	F	O	A	A	T	I	G	E
P	B	P	J	A	P	N	U	L	L	S	L	S

Pasatiempo 84

EL FANTASMA

Dificultad: ✱✱

Traslada las respuestas correctas al encasillado para descubrir al fantasma.

1	2	3	4	5	6	7	8	9	10	11	12	13	14

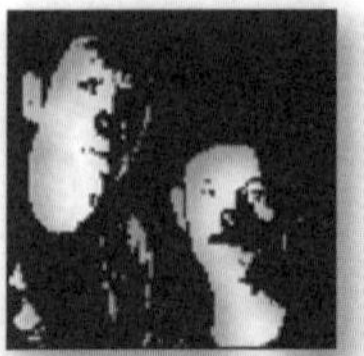

1. ¿Cómo se llama el libro que editó esta pareja de humoristas en 2003?
E. *Están ahí dentro.*
G. *Cuanto más viejos más pellejos.*
L. *El orgullo del tercer mundo.*

2. El Neng es uno de los personajes más conocido del equipo de Andreu Buenafuente. ¿Quién lo interpreta?
U. José Corbacho.
A. Eduard Soto.
F. Miquel Fernández.

3. José Luís Coll contó con su propio programa de televisión en 1993. ¿Qué nombre recibía?
H. *Este país necesita un repaso.*
S. *Pura coincidencia.*
R. *La hora de Tip y Coll.*

4. ¿Dónde se conocieron los componentes de Cruz y Raya Juan Muñoz y José Mota?
A. En el teatro.
H. En la escuela.
O. En la mili.

5. ¿Qué relación de parentesco une a los Morancos?
E. Cuñados.
R. Hermanos.
O. Primos.

6. ¿Qué nombre tiene el personaje de la becaria interpretada por Carlos Latre?
A. Bea.
I. Ana.
M. Carla.

7. El Gordo y el Flaco rodaron juntos más de 200 producciones. ¿Quién de los dos murió antes?
B. Arthur Stanley Jefferson.
T. Stan Laurel.
C. Oliver Hardy.

8. ¿Qué instrumento tocaba Chico, uno de los Hermanos Marx?
V. Arpa.
P. Guitarra.
H. Piano.

9. ¿Cuál de estos años no presentó Martes y 13 el programa de Nochevieja?
E. 1990.
A. 1993.
R. 1994.

10. ¿Con qué frase comenzaba siempre este humorista sus chistes?
J. "Esto es uno que va de..."
N. "Saben aquel que dice..."
L. "El otro día me pasó..."

11. ¿De qué provincia es natural Pepe Rubianes?
S. Guadalajara.
A. Pontevedra.
D. Barcelona.

12. ¿Cómo se llama la película que estrenó Chiquito junto a Bigote Arrocet en 1996?
N. *Aquí llega Condemor.*
A. *Brácula.*
X. *Grijander.*

13. ¿En que año ganó Eva Hache el premio ATV de la Academia de la Televisión?
Ñ. 2004.
D. 2006.
T. 2005.

14. En 1993 Jaume Mateu Bullich funda la ONG Payasos sin Fronteras. ¿Cómo se llama artísticamente?
A. Payesol.
I. Poltrell Tortona.
E. Tortell Poltrona.

Pasatiempo 85

DEFINICIONES

Dificultad: ✸✸✸

En esta cruzada te presentamos una lista de definiciones divertidas como referencia para que puedas rellenarla. Te damos una colocada y algunas letras como ayuda. Cuando lo termines, seguro que se te ocurren muchas definiciones más divertidas e imaginativas.

Es tener que vivir pagando los precios del año próximo con el sueldo del año pasado.

Vía libre que se le da a una persona para que cometa una serie de barbaridades.

Donde puedes encontrar cualquier cosa menos lo que su nombre indica.

Actitud que adopta una mujer hacia un hombre que no le interesa, y que es interpretada por él como "se está haciendo la difícil".

Reconocer que uno es perfecto, pero sin decírselo a nadie.

Voz interior que nos advierte de que alguien nos está mirando.

Animal que lee mucho.

Un cardo de mosca.

Aparato al que estamos sometidos.

Pañales de marca Imper.

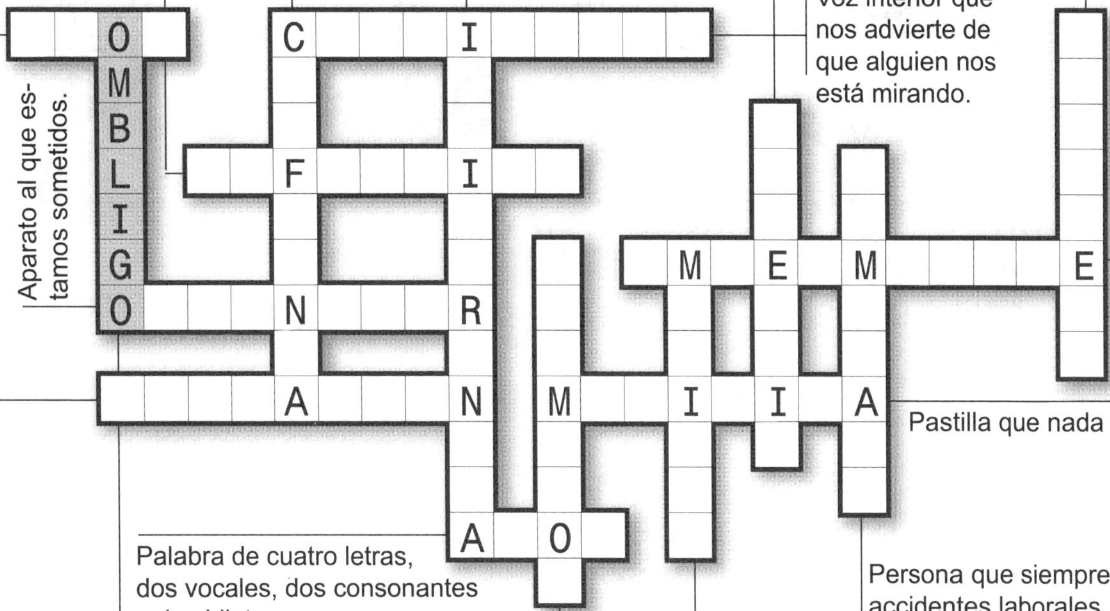

Pastilla que nada dice.

Palabra de cuatro letras, dos vocales, dos consonantes y dos idiotas.

Persona que siempre tiene accidentes laborales.

Insecto muy grande que vive en las obras. Acostumbra a encontrarse armado.

La mujer del mejillón.

Especie de timbre que enseñan las mujeres en épocas cálidas del año y que, si lo tocas, te atiende el novio.

Pasatiempo 86

CHISTES

Dificultad: ✸

Te damos la viñeta y te proponemos que te inventes el chiste escribiendo en el bocadillo gris lo que dicen los personajes, o en el caso C lo que debe poner en el cartel. En las páginas de soluciones tienes una posibilidad.

A

B

C

D

ARRANCANDO UNA SONRISA

Para finalizar el capítulo nada mejor que intentar arrancarte una sonrisa, sin duda la mejor manera de potenciar tanto tu salud física como mental. No desaproveches la oportunidad para leer relatos cortos y divertidos, que te relajarán durante unos minutos y harán que tu cerebro afronte con mucha más eficacia otras actividades.

El caso de la carta del pastor.

En cierta ocasión, una familia inglesa pasaba sus vacaciones en Escocia. Durante uno de sus paseos observaron una casita de campo que, de inmediato, les agradó y pareció cautivadora para su próximo veraneo. Investigaron quién era el dueño de ella, y resultó ser un pastor protestante, al que se dirigieron para rogarle que les mostrara la pequeña finca. El propietario se la mostró y tanto por su comodidad como por su situación fue del agrado de la familia, que se comprometió para alquilarla el siguiente verano.

De regreso a Inglaterra, iban recordando detalle por detalle cada una de las habitaciones. De pronto, la esposa no recordó haber visto el W.C. y, dado lo prácticos que son los ingleses, decidieron escribir al pastor protestante en los siguientes términos:

"*Estimado pastor. Soy miembro de la familia que hace unos días visitó su finca con deseo de alquilarla para nuestras próximas vacaciones y, como desconocemos un detalle, le agradecería que nos indicara, más o menos, dónde se halla el W.C.*"

Al leerla, el pastor no supo qué significaba la abreviatura W.C., pero, creyendo que se trataba de una capilla de su región llamada Wells Chapel, le contestó de la siguiente manera:

"*Estimada señora. Tengo el agrado de informarle de que el lugar al que usted se refiere queda sólo a doce kilómetros de la casa, lo cual es algo molesto si se tiene costumbre de ir con frecuencia, pero algunas personas llevan comida y permanecen en aquel lugar todo el día.*

Algunos viajan a pie y otros en tranvía pero de ordinario llegan en el momento preciso.

Hay lugar para cuatrocientas personas cómodamente sentadas y para cien de pie.

Los asientos son de gutapercha y están forrados de terciopelo púrpura. Hay además aire acondicionado para evitar los sofocos. Se recomienda llegar temprano para ocupar puesto.

A la entrada se entrega un papel a cada uno y las personas que no lleguen a la repartición pueden utilizar el del compañero de asiento, pero, al salir, deben devolverlo para continuar usándolo durante todo el mes.

Todo lo que se deja depositado allí será para dar de comer a los pobres huérfanos.

Hay fotógrafos especiales que tomarán fotografías en diversas posturas, las cuales serán luego publicadas en el diario de la ciudad en la sección de vida social. Así el público podrá conocer a altas personalidades en actos tan humanos."

TEST FINAL

PASATIEMPOS

- La receta
- Dados diabólicos
- Nombres de mujer
- Millas
- Criptoquiz
- ¿Qué hora es?
- Baldosas

Test final

Hasta aquí has recorrido un camino largo. Si tu viaje ha pasado por todas las páginas de este libro y has luchado por conseguir la solución de los pasatiempos que te proponíamos, te garantizamos que tu cerebro ha trabajado en muchas áreas diferentes. Tal vez algún reto se te ha atravesado y has trabajado también el ejercicio de acordarte de nosotros. Esperemos que esto no haya ocurrido muy a menudo. Ahora queremos felicitarte por haber llegado hasta aquí.

Tras mucho trabajo has ido acercándote poco a poco al momento final, la hora de la verdad. Tu entrenador mental te va a volver a poner a prueba para ver si realmente has hecho los deberes. Hemos ideado un test final un poco más complejo que el primero. Si al principio trabajabas 14 desafíos con las capacidades más o menos diferenciadas, en la siguiente prueba realizarás sólo 7 pasatiempos, pero combinando las áreas de entrenamiento vistas en el libro. De esta forma las capacidades, más que nunca, dependerán unas de otras, como ocurre en la vida diaria.

El tiempo que tardes no va a ser importante. De hecho, queremos que te concentres en la tarea sin sufrir la presión del reloj, por lo que podrás hacer algunos y descansar cuanto quieras para enfrentarte a los siguientes. Lo que sí recomendamos es que busques un sitio tranquilo donde puedas concentrarte. La duración de esta prueba es mayor que la del test inicial, dependerá básicamente de lo rápido que sea uno, pero es preferible tomárselo con calma y paciencia, ya que puntuamos solamente las respuestas correctas. Sin embargo, no te impedimos que puedas competir con otras personas para ver quién consigue más puntos o tarda menos en resolverlo.

Y ahora, sin más preámbulos y sólo si estas realmente preparado, pasa página y... ¡adelante con el test final!

Pasatiempo 87a

LA RECETA [1]

Dificultad: ✹

A la derecha tienes una receta absurda. No te vamos a pedir que cocines, sino que leas atentamente el texto porque después te vamos a hacer una pregunta.

Pon atención a todos los detalles y memoriza todo lo que puedas durante un minuto.

Cuando transcurra ese tiempo, pasa la página y contesta a la pregunta.

ALCACHOFAS RELLENAS

Quitar las hojas más duras de las alcachofas, cortar las puntas y alisar los fondos para que se sostengan en la bandeja del horno. Seguidamente desmenuzar las galletas en el interior de las alcachofas.

Freír a fuego lento unas setas troceadas y añadirles un diente de ajo. Cuando estén hechas, introducir la mezcla en las alcachofas y cubrirla con abundante queso rallado.

Introducir las alcachofas en el horno a 180º durante unos 30 minutos.

Mientras se hacen, freír una cebolla cortada en juliana y servirla junto a las alcachofas en un plato azul.

Pasatiempo 88

DADOS DIABÓLICOS

Dificultad: ✹✹✹

Todos los dados son iguales.
Las caras en contacto siempre son iguales.

1: ¿Cuántos dados tiene esta construcción sabiendo que no hay ninguno oculto?

2: Si mirases la construcción desde A, ¿cuánto sumarían los puntos de los dados que verías?

3: ¿Y desde B?

4: ¿Y desde C?

Nota: Cuidado cuando unos dados tapan a otros.

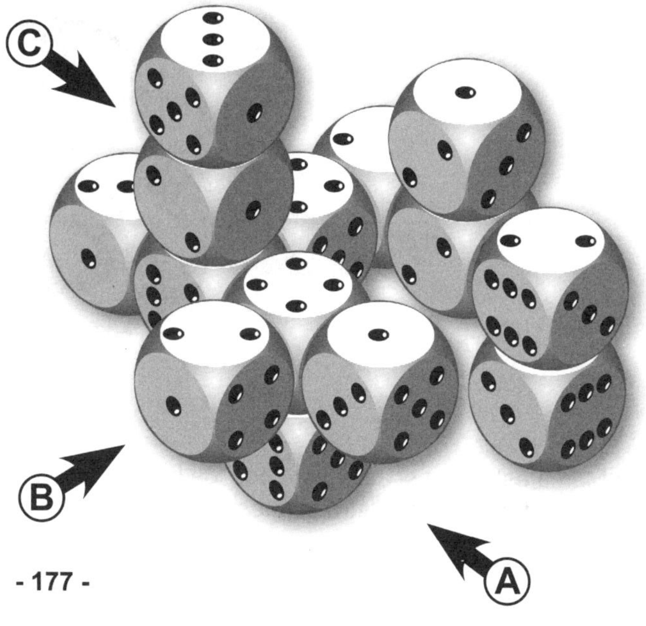

Pasatiempo 87b

LA RECETA [2]

Recuerda los alimentos que salían en la receta y escríbelos en el orden en que aparecían en el texto.

1. ______
2. ______
3. ______
4. ______
5. ______
6. ______

A: Marca esta letra si aciertas todos los ingredientes.
B: Marca también esta letra si además aciertas en el orden.

Pasatiempo 89

NOMBRES DE MUJER

Dificultad: ✹✹

Tu objetivo es descubrir el nombre que aparecerá en la columna gris del pasatiempo inferior. Para ello debes tener en cuenta lo siguiente:

- Todos los nombres de los personajes de las fotos se colocarán en las bandas horizontales a excepción de uno que es el que aparecerá en la columna gris.
- Hay 4 nombres de los personajes que deberás colocar en las casillas (A, B, C y D), teniendo en cuenta que el número que aparece junto a los nombres que los acompañan indica el número de letras en común con ellos.

A (7 casillas)

OLGA	**4**
ISABEL	**3**
RAQUEL	**3**

B (7 casillas)

CLAUDIA	**2**
IRENE	**3**
ALMUDENA	**4**

C (8 casillas)

LUCÍA	**4**
DOLORES	**3**
LEONOR	**4**

D (8 casillas)

PALOMA	**3**
MARTA	**0**
ELVIRA	**2**

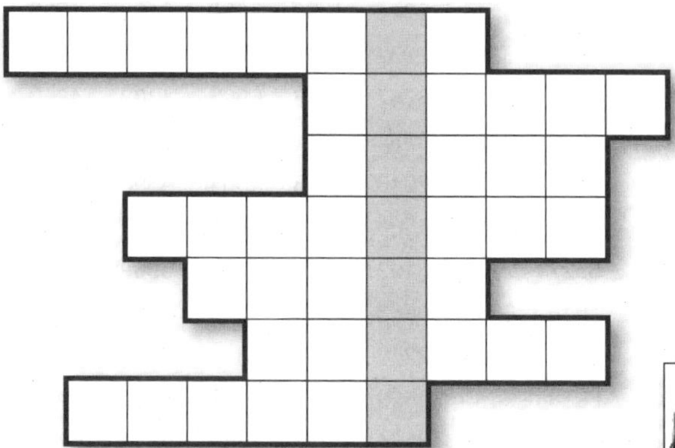

Puntuación diferente según resuelvas las bandas y los nombres A, B, C y D.

Pasatiempo 90

MILLAS

Dificultad: ✱✱✱

En la cuadrícula de la derecha están escondidos todos los países a los que pertenece cada una de las capitales que figuran en la tabla de distancias inferior. Cada país comienza en una letra gris, y se lee pasando de una letra a la siguiente en horizontal o vertical, nunca en diagonal, hasta completar la palabra buscada. Como ejemplo puedes ver PORTUGAL ya marcado. Cuando termines, verás que te sobran 8 letras con las que podrás leer sin dificultad el nombre de una ciudad española.

La tabla indica las distancias, en millas náuticas (= 1.852 m), que separan 20 ciudades de todo el mundo.

Ahora intenta responder a todas las preguntas que puedes ver a la derecha.

	Anchorage	Bombay	Buenos Aires	Calcuta	Caracas	Chicago	Ciudad de México	Dakar	Delhi	Frankfurt	Hong Kong	Honolulú	El Cairo	Johannesburgo
Bombay	5559													
Buenos Aires	7230	8063												
Calcuta	5048	892	8918											
Caracas	4645	7828	2749	8340										
Chicago	2474	6979	4862	6927	2175									
Ciudad de México	3279	8437	3985	8244	1939	1471								
Dakar	5718	5128	3768	5902	2904	3936	4653							
Delhi	4945	614	8254	703	7665	6487	7911	5219						
Frankfurt	4041	3536	6200	3983	4365	3757	5160	2477	3300					
Hong Kong	4403	2319	9965	1430	8832	6764	7627	7193	2029	4943				
Honolulú	2417	6955	6566	6116	5226	3691	3288	7625	6424	6454	4816			
El Cairo	5324	2346	6378	3072	5503	5321	6676	2831	2389	1576	4393	7672		
Johannesburgo	8700	3775	4364	4566	5940	7545	7868	3612	4343	4696	5786	10361	3383	
Lima	5551	9011	1691	9753	1481	3288	2295	3888	9050	5791	9912	5164	670	586
Lisboa	4506	4322	5182	4895	3509	3466	4681	1508	4195	1020	5949	6792	2048	442
Londres	3883	3876	6005	4297	4045	3427	4819	2361	3622	345	5195	6276	1896	489
Los Ángeles	2032	7544	5314	7080	3139	1513	1345	5430	6939	5019	6288	2225	6584	899
Madrid	5181	4689	6236	5114	4351	4192	5642	1738	4528	1193	6556	7874	2069	454
Montreal	2707	6515	4875	6602	2127	639	2007	3370	6081	3160	6712	4259	4708	697
Moscú	3773	2707	7272	2985	5359	4316	5786	3514	2344	1090	3855	6108	1565	494
Nairobi	7191	2451	5616	3332	6225	6951	7996	3359	2932	3406	4728	9320	1907	158
Nueva York	2918	6759	4600	6877	1851	617	1815	3319	6342	3346	6993	4308	4869	692
París	4069	3775	5959	4239	4111	3593	4968	2264	3554	260	5199	6466	1278	470
Pekín	3445	2559	10398	1765	7769	5720	6723	6635	2040	4198	1064	4398	4070	632
Río de Janeiro	7074	7241	1062	8133	2440	4601	4142	2717	7596	5174	9549	7199	5337	384
Roma	4553	3327	6019	3894	4510	4176	5527	2251	3192	518	5007	6969	1176	417
San Francisco	1739	7275	5615	6785	3389	1609	1640	5545	6666	4926	5989	2083	6469	915
Singapur	5797	2115	8569	1565	9904	8136	8963	7186	2240	5540	1396	5832	4460	467
Sidney	6382	5487	6366	4932	8282	8026	6998	9494	5628	8895	3979	4405	7779	595
Tokio	2999	3631	9905	2775	7642	5468	6098	7512	3154	5037	1560	3341	5163	731
Washington	2920	6928	4526	7024	1785	517	1636	3439	6503	3525	7079	4196	5047	703

E	G	E	N	T	I	N	A	I	N	E	E	S	I	A	J	A
S	R	A	A	I	D	A	D	U	S	K	L	P	T	I	S	P
T	A	D	O	S	N	I	A	F	E	P	A	A	A	L	N	O
E	N	E	V	U	N	P	T	R	R	U	G	Ñ	L	S	A	A
Z	U	S	O	D	I	I	O	I	U	T	R	A	I	I	I	L
L	E	S	M	E	X	G	R	C	A	R	U	S	S	N	R	A
A	N	E	N	E	I	E	E	C	P	O	A	I	A	G	T	S
N	A	L	A	G	C	O	I	A	N	A	D	A	R	A	T	U
I	M	E	L	A	U	O	N	N	A	R	F	I	B	P	U	A
A	A	O	D	I	N	A	I	C	C	H	I	N	A	G	R	O

1. ¿Cuáles son las ciudades más alejadas?
2. ¿Cuáles son las más cercanas?
3. ¿Puedes visitar cuatro ciudades recorriendo menos de 1.000 millas?
4. ¿Cuál es la ciudad que resulta al leer las letras sobrantes de la cuadrícula después de marcar los 22 países?
5. ¿Cuántos kilómetros hay que recorrer para visitar las ciudades marcadas en el mapa?

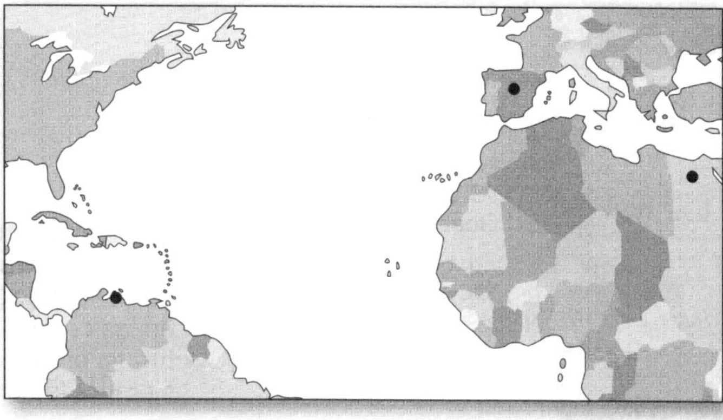

Lima	Lisboa	Londres	Los Ángeles	Madrid	Montreal	Moscú	Nairobi	Nueva York	París	Pekín	Río de Janeiro	Roma	San Francisco	Singapur	Sidney	Tokio
4860																
5487	854															
3629	4922	4724														
5907	317	786	5239													
3456	2827	2823	2133	3449												
6822	2106	1350	5271	2140	3812											
6781	3486	3680	8387	3840	6312	3422										
3170	2926	3005	2124	3596	285	4052	6390									
5532	778	193	4909	652	2982	1344	3491	3154								
8982	5216	4394	5428	5759	5648	3127	4972	5929	4439							
2035	4165	5006	5470	5045	4427	6230	4821	4185	4942	9349						
5860	1005	774	5498	849	3559	1281	2908	3718	590	4385	4965					
3928	4918	4647	302	5256	2195	5094	8327	2226	4836	5126	5749	5420				
10152	6414	5859	7621	1079	7992	4549	4025	8277	5794	2417	8486	5410	7331			
6906	10016	9171	6514	9513	8641	7823	6558	8627	9154	4829	7295	8808	6448	3399		
8355	6014	5160	4753	6704	5602	4038	6075	5851	5248	1132	10016	5319	4459	2873	4223	
3054	3097	3183	1993	3794	423	4222	6552	179	3332	6017	4163	3895	2114	8392	8477	5884

Pasatiempo 91

CRIPTOQUIZ

Dificultad: ✹

QUIZ

1. Cuál no es obra suya...
I : *Cartas desde mi celda*
X : *Rimas*
R : *Antología*
U : *Leyendas*

2. ¿Cómo llamó originariamente a sus *Rimas*?
R : *Poesías*
V : *El gran libro*
B : *Últimas rimas*
O : *El libro de los gorriones*

3. ¿A qué se dedicaban su hermano y su padre?
Z : Carpinteros
R : Escritores
M : Pintores
O : Albañiles

4. El año en que nació se publicó *Los apuntes de Boz*, escrito por...
A : Charles Dickens
F : Benito Pérez Galdós
I : José Zorrilla
E : Goethe

5. ¿En qué siglo vivió?
L : XII
N : XIX
A : XX
H : XV

6. ¿Dónde nació?
T : Estocolmo
S : Madrid
C : Sevilla
E : Londres

7. ¿Cuántos años tenía cuando murió?
M : 86
O : 19
E : 34
S : 102

8. ¿Cómo se llamaba su hermano?
S : Valeriano
I : Rodrigo
P : Jaime
R : Carlos

PERSONAJE

9	10	8	11	4	12	2
	4	13	2	14	15	2

CLAVE

1	2	3	4	5	6	7	8

Traslada a la Clave las letras correspondientes del Quiz para descubrir una palabra muy relacionada con la profesión del personaje de la ilustración, cuyos dos nombres debes colocar en las casillas bajo su imagen. El Criptograma es una cita sobre su profesión. En todo el pasatiempo, a un mismo número siempre le corresponde una misma letra.

CRIPTOGRAMA

7	5	■	■	7	14	■	16	1
2	6	7	8	2	■	13	7	■
14	4	■	7	8	6	1	17	11
10	1	4	■	14	4	■	17	3
4	9	17	5	4	6	17	2	5
■	18	■	14	4	■	3	7	3
2	1	17	4	■	8	7	■	6
2	5	15	10	5	13	7	5	■

Pasatiempo 92

¿QUÉ HORA ES?

Dificultad: ✸✸✸

Cada reloj de abajo representa una de las 24 horas del día y hay un criterio lógico, que los relaciona y que debes deducir para poder responder adecuadamente a las preguntas que te formulamos abajo.

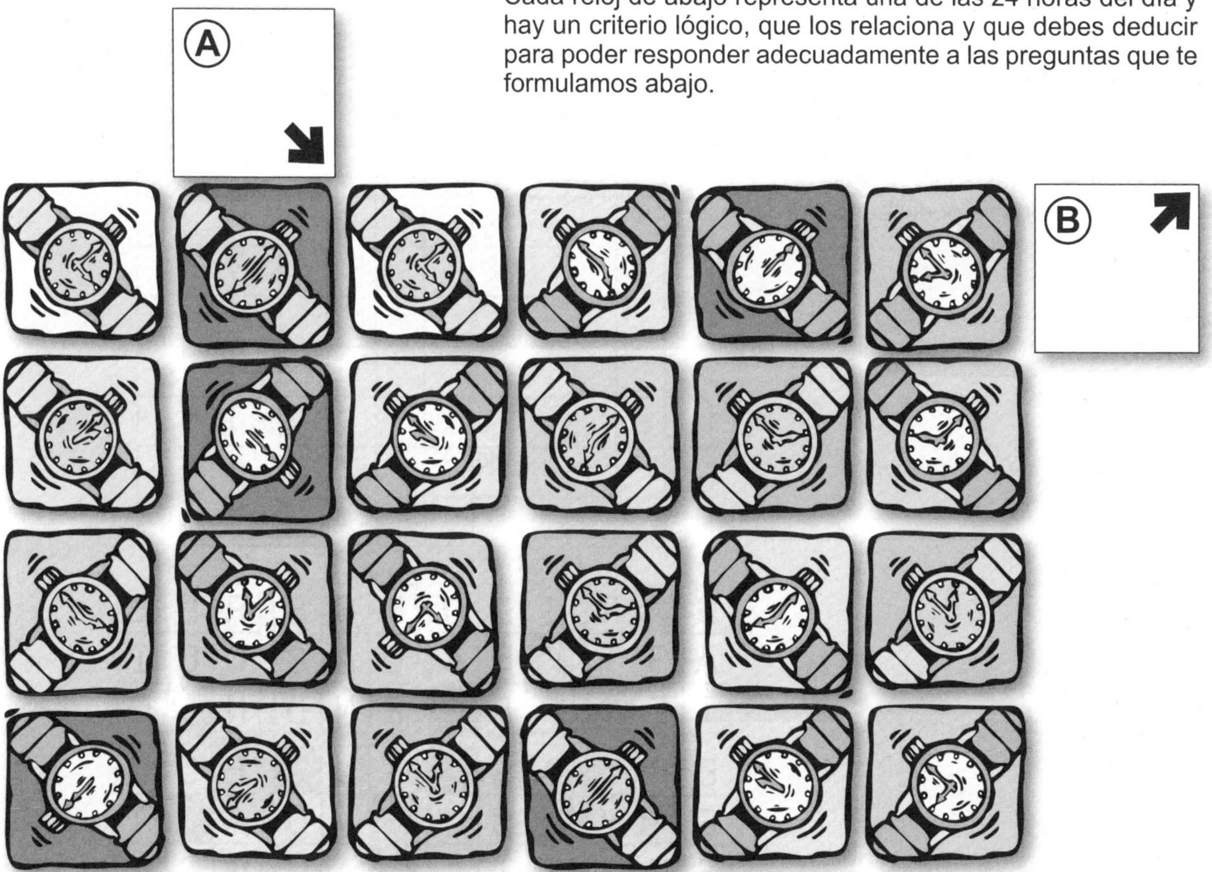

1. ¿Qué hora marca el reloj repetido?
2. ¿Cuál es el reloj que falta?
3. Hay un reloj que no sigue la lógica porque se ha girado la esfera 180 grados. ¿Qué hora debería marcar ese reloj si no se hubiese girado?
4. ¿Cuántos minutos suman en total todos los minuteros de los relojes?
5. ¿Qué marcarían los relojes A, B y C siguiendo la misma lógica?
6. Si en este momento fuesen las 18.53 del día 28/2/2004, ¿qué día y hora será cuando se sumen las horas que marcan los relojes A+B+C?

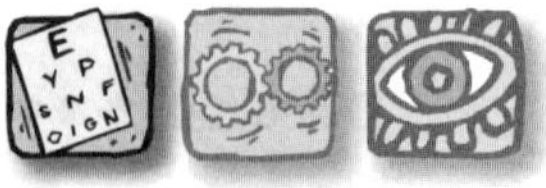

Pasatiempo 93

BALDOSAS

Dificultad: ✹

Traslada las 12 piezas inferiores al encasillado superior de tal manera que puedas leer la frase que se oculta.

Cuando la completes, podrás deducir a qué letra le corresponde cada número. Trasládalas a la fila de casillas inferior para poder descubrir a los autores.

											4
						6					
			2						5		
					7						
	8						1				
										9	
				10							
3											

S	■	R	I	D	O	M	O	S	R	R	E
A	S	T	■	H	A	C	A	C	Q	U	I
T	E	■	R	E	■.	E	Ñ	O	N	■	C

E	R	T	A	S	■	T	U	■	E	C	O
E	■	Y	■.	S	U	■	N	O	A	■	A
E	M	P	S	T	A	■	A	G	G	R	A

T	R	A	E	C	E	■	I	M	I	N	V
R	■	H	P	L	I	■	Y	■	E	R	T
■	E	S	E	M	P	E	■	H	■	S	I

■	L	A	A	M	I	C	E	R	N	O	■,
I	O	N	E	B	R	S	O	T	O	■	Y
■	Q	U	R	O	S	R	A	D	■	T	E

F	1	2	3	4	5	6		7		6	8	9	10	4	7

EVALUACIÓN

DE LOS RESULTADOS DEL TEST FINAL

Evaluación de resultados

Vamos a ver qué tal se te dio: para la evaluación hemos ideado una tabla (Tabla B de la siguiente página) similar a la que utilizaste en el test inicial. Se trata de que rodees con un círculo todas las puntuaciones que correspondan a los pasatiempos que hayas contestado correctamente (las soluciones comienzan en la página 191). Ten en cuenta que esta vez hemos dividido los pasatiempos en sus respectivas preguntas, dado que eran más extensos. Por ejemplo, en Dados Diabólicos tenías 4 preguntas para contestar. Si las acertaste todas, conseguirás la máxima puntuación (todas las filas correspondientes a ese pasatiempo), pero si sólo solucionaste correctamente una de ellas sólo tendrás que rodear las puntuaciones de la fila que corresponde a esa pregunta. Una vez que sumes todas las puntuaciones obtenidas en cada capacidad podrás saber en cuál has destacado y en cuál has flojeado. El total te servirá para comparar con otros lectores.

Tabla B

Nº	Nombre	Partes
85	**LA RECETA**	Acertar todos los ingredientes
		Anota también si es correcto el orde
86	**DADOS DIABÓLICOS**	Pregunta 1
		Pregunta 2
		Pregunta 3
		Pregunta 4
87	**NOMBRES DE MUJER**	Bandas
		Nombres A, B, C y D
88	**MILLAS**	Pregunta 1
		Pregunta 2
		Pregunta 3
		Pregunta 4
		Pregunta 5
89	**CRIPTOQUIZ**	CLAVE
		PERSONAJE
		CRIPTOGRAMA
90	**¿QUÉ HORA ES?**	Pregunta 1
		Pregunta 2
		Pregunta 3
		Pregunta 4
		Pregunta 5
		Pregunta 6
91	**BALDOSAS**	Texto completo
		TOTALES PARCIALES

tención	Lenguaje	Memoria	Conocimientos generales	Cálculo	Orientación espacial	Lógica	
5	5	40	-	-	-	-	
5	5	30	-	-	-	-	
4	-	-	-	5	0	0	
4	-	-	-	5	5	0	
4	-	-	-	5	15	0	
4	-	-	-	10	15	30	
5	-	15	15	-	-	5	
5	-	15	10	-	-	5	
4	0	-	0	5	3	-	
4	0	-	0	5	3	-	
4	0	-	0	15	3	-	
4	30	-	5	0	0	-	
4	0	-	15	15	6	-	
5	10	-	20	-	-	5	
5	10	-	5	-	-	5	
5	10	-	5	-	-	5	
4	-	-	2	0	20	0	
4	-	-	2	0	20	0	
4	-	-	2	0	10	20	
4	-	-	2	10	0	0	
4	-	-	2	10	0	20	
4	-	-	15	15	0	0	
5	30	-	-	-	-	5	TOTAL

Pues hasta aquí hemos llegado. ¿Qué tal se te dio el test final? Esperamos que bien. Sea cual sea el resultado que obtuviste, ten en cuenta que no siempre los exámenes representan todo lo que sabemos.

El objetivo del libro es entrenar tu cerebro y el simple hecho de haber llegado hasta aquí ya es algo que ha implicado la estimulación de tus neuronas. Recuerda que, además de los pasatiempos, a los que puedes dedicar 10 minutos diarios, todas las actividades a las que te enfrentas en tu vida cotidiana pueden ser potenciales ejercicios para mantener activa tu máquina de pensar.

Lee, calcula, observa, infiere, memoriza, empápate de conocimientos y genera imágenes mentales. Todo ello hará que tu cerebro vaya más veces al gimnasio de lo que te imaginas.

¡Cualquier ocasión es buena para entrenar tu mente!

Nuevos entrenamientos del cerebro en la web:
gentedemente.trebejos.net

SOLUCIONES

A TODOS LOS PASATIEMPOS DEL LIBRO

SOLUCIONES

TEST INICIAL

p1. SÍMBOLOS:

p2. LETRAS: **CERDO**, **CREDO** y **CEDRO**

p3. CADENAS HEXAGONALES: **C** y **F**

p4. RECUERDA:

p5. SEÑALES DE TRÁFICO: **E, G, H, I, J** y **K**

p6. MALETINES: **D** es el maletín del dinero.
El orden para abrir es **C** (se abre con E), **B, A** y **D**

p7. DIANA: **13, 13, 13** y **11**

p8. CINCO VOCALES:
NEUMÁTICO
MURCIÉLAGO
MEDITABUNDO
SIMULTÁNEO
ABUELITO
ALBARICOQUE

p9. TRAGAPERRAS:

p10. DADOS SIMBÓLICOS:

p11. CUENTAKILÓMETROS:
A: **032230**
B: **033330**
C: **52925**
D: **53035**

p12. MEMORIA:
A: **3**
B: **1**
C: **NINGUNO**
D: **PANERA**

p14. INVENTOS E INVENTORES:
BELL - S
BRAILLE - E
BUNSEN - L
COLT - Q
DE LA CIERVA - A
EDISON - G
EINSTEIN - P

FLEMING - N
FRANKLIN - M
GALILEO - T
GUTEMBERG - J
LUMIERE - B
MONTGOLFIER - F
NEWTON - H
NOBEL - C
PERAL - R
ROENTGEN - O
SIKORSKY - I
SINGER - K
ZEPPELIN - D

p13. DIFERENCIAS REALES:

PASATIEMPOS DE ENTRENAMIENTO:

ATENCIÓN

p15. ESTAMPIDA:
A=17 animales
13 mamíferos
Todos los de A están en B
PULPO, CARACOL, ÁGUILA, ZORRO, CANGREJO, RAYA, PERRO (COLLIE), SERPIENTE, PINGÜINO, TORTUGA, LIEBRE, VACA, RANA y PAVO REAL

p16. ACUARIO:
1: 129 peces
2: hay más hacia la derecha

p17. ICONOS INFORMÁTICOS:

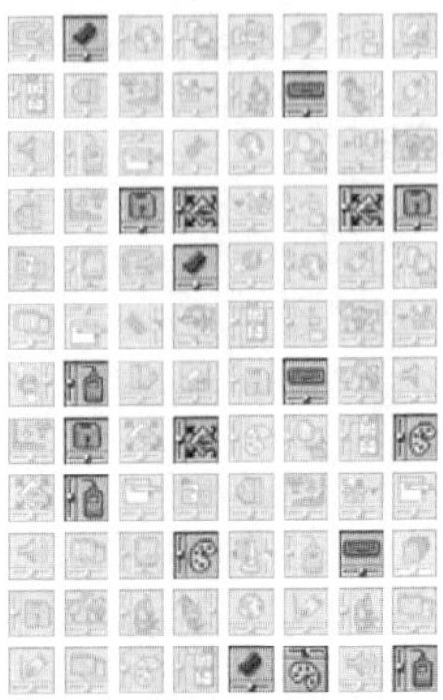

p18. BARCOS:

p19. HELADOS:

LENGUAJE

p20. SOPA DE FRUTAS:

M	U	V	A	S	H	J	S	T	D	P	V	Y
E	N	M	Y	H	K	T	F	D	L	D	P	T
L	W	P	E	I	U	O	R	A	F	K	W	R
O	P	U	W	L	L	T	T	Q	A	A	E	O
C	Z	I	E	H	O	A	U	R	S	Y	L	R
O	U	X	U	H	N	N	M	B	E	A	R	D
T	T	R	Q	O	P	E	R	A	U	P	V	O
O	Q	V	O	W	D	C	V	E	B	A	B	R
N	I	T	C	Q	I	G	R	H	M	P	G	E
X	U	A	I	T	D	Q	A	A	A	S	C	P
H	C	J	R	B	C	Z	I	Z	R	U	K	S
X	B	N	A	F	R	E	S	A	F	H	F	I
Q	J	A	B	A	R	A	N	D	A	N	O	N
A	K	R	L	M	C	S	P	I	Ñ	A	N	A
G	W	A	A	H	A	I	A	Z	S	Z	O	Z
F	J	N	E	S	O	N	R	N	Q	R	M	E
N	Z	G	X	L	H	F	Z	U	D	G	I	R
R	F	F	E	W	O	B	P	A	E	I	L	E
L	O	M	Z	B	U	K	K	K	N	L	A	C
A	O	J	E	T	G	T	F	C	N	A	A	R
P	L	V	I	G	R	A	N	A	D	A	J	D

p21. ARABESCO:

R	E	D		P	O	S		C	E	A
E		E		A		E		R		V
Y	A	N	Q	U	I	S	U	E	L	O
		S		T		E		S		
M	E	O	N	A	F	O	R	T	I	N
A		A		R		A		A		I
L	I	N	D	A	R	P	I	D	E	N
		O		M		R		E		
B	A	R	R	A	F	I	E	S	T	A
O		A		G		S		D		D
Y	A	K		O	C	A		E	V	A

p22. CRUZADA ZODIACAL:

	L						A					
	I			P	I	S	C	I	S			G
	B		V				U		A			E
	R		I				A		G			M
C	A	P	R	I	C	O	R	N	I	O		I
A			G				I		T			N
N			O				O		A			I
C					L			A	R	I	E	S
E					E				I			
R		E	S	C	O	R	P	I	O			

p23. ANAGRAMAS DE FAMOSOS:

1. DIEGO VELÁZQUEZ

2. STEPHEN HAWKING

3. FRANCISCO QUEVEDO

4. FREDDIE MERCURY

p24. CUATRO EN RAYA:

1. RUSO
2. RUGE
3. CARO
4. RIOS
5. PUAS
6. PESA
7. PISA
8. POCA
9. LUNA
10. CESA
11. CASA
12. LOCA
13. TISU
14. SETA
15. TOCA
16. TOSA

p25. CRUCIGRAMA:

C	A	L	A	O	■	C	E	R	C	E	N	■	C	R	U	C	E	R	O
O	■	A	D	V	E	R	S	A	■	N	A	I	L	O	N	■	R	O	I
N	A	O	■	A	R	I	E	T	E	■	U	T	I	L	I	Z	A	R	■
■	I	S	I	D	R	A	■	O	R	A	R	A	N	■	R	A	L	E	A
I	R	■	C	A	E	I	S	■	A	Z	U	L	■	G	A	F	A	■	C
Z	A	L	A	■	I	S	I	D	R	O	■	I	R	A	N	I	■	H	U
A	D	O	R	A	S	■	G	U	A	R	D	A	I	S	■	O	P	I	O
D	A	N	E	S	■	I	N	E	S	■	E	N	E	A	L	■	L	E	S
A	■	C	O	M	O	D	O	N	■	P	L	A	N	■	A	L	A	N	O
■	O	H	■	A	L	E	■	D	R	E	A	■	D	E	R	O	G	A	■
E	R	A	N	■	G	A	L	E	A	■	T	I	A	■	R	E	I	■	N
T	I	■	A	V	A	R	O	■	S	I	A	N	■	C	A	N	O	S	O

p26. CRIPTOGRAMA:

E	L	■	A	R	T	E	■	E	S	■	E	L
■	P	L	A	C	E	R	■	D	E	■	U	N
■	E	S	P	I	R	I	T	U	■	Q	U	E
■	P	E	N	E	T	R	A	■	E	N	■	L
A	■	N	A	T	U	R	A	L	E	Z	A	■
Y	■	D	E	S	C	U	B	R	E	■	Q	U
E	■	T	A	M	B	I	E	N	■	E	S	T
A	■	T	I	E	N	E	■	A	L	M	A	.
A	U	G	U	S	T	E	■	R	O	D	I	N

p27. ANILLOS:

p28. BANDAS:

p29. AUTODEFINIDO:

MEMORIA

p30. HISTORIA DIBUJADA:

Luisa se levantó temprano. Su despertador sonó a las CINCO. Rápidamente se DUCHÓ, se MAQUILLÓ, se PINTÓ LOS LABIOS de color morado, y se PINTÓ LAS UÑAS del mismo color que los LABIOS. Apenas COMIÓ, sólo un CAFÉ y TOSTADA con UN PLÁTANO de postre.

Llegó en AUTOBÚS al AEROPUERTO. Allí se encontró con su NOVIO que la esperaba para VIAJAR con ella a la ISLA DE PASCUA. Antes de EMBARCAR, Julio le CANTÓ y se DECLARÓ regalándole un estupendo ANILLO. Su AVIÓN salía a las SIETE y comenzaba a AMANECER.

Lucía estaba FELIZ y ENAMORADA. Veía ante sí un futuro lleno de DINERO, AMOR y FAMILIA (2 hijos).

1. **CINCO**
2. **JULIO**
3. **ISLA DE PASCUA**
4. **MORADO**
5. **PLÁTANO**
6. **SIETE**
7. **DOS**
8. **CANCIÓN Y ANILLO**

p32. RELOJES VARIOPINTOS:

p34. VECINOS

Pepe: **A y D**
Adrián: **B y C**
César: **E y F**
Esther: **G y H**
Julia: **I y L**
Pedro: **J y K**

CONOCIMIENTOS GENERALES

p35. EL BAÚL DE LOS RECUERDOS:

DÉCADA	AÑOS 60	AÑOS 70	AÑOS 80	AÑOS 90
TÍTULO	J. Misión imposible	C. Los hombres de Harrelson	D. Remington Steele	K. Búscate la vida
	B. El Santo	E. Pippi Calzaslargas	L. Luz de luna	H.Twin Peaks
	A. The Munsters	I. La casa de la pradera	F. Cheers	G. Dinosaurios

p36. ZODÍACO

A	K	K	G	F	G
D	D	A	L	H	G
L	J	J	I	C	B
C	F	H	E	F	D
D	K	H	F	L	B
I	K	B	C	G	C
E	H	I	J	I	J
E	E	A	L	A	B

p37. MACROS:

A. PINZA
B. AURICULAR
C. BOLÍGRAFO
D. LLAVE
E. MONEDA 2 EUROS
F. TORNILLO
G. OBJETIVO DE CÁMARA
H. TIJERAS
I. DOSIFICADOR DE JABÓN
J. CANTO CAJA CD
K. LLAVE
L. MONEDA 1 EURO

p38. TABLEROS DE AJEDREZ:

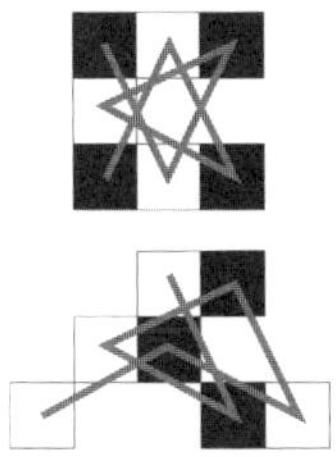

p39. BUSQUE Y COMPARE:

A. Damart
B. Lagarto
C. Cola Cao
D. Royal
E. Peta Zetas
F. Imedio
G. Blandi Blub
H. Barriguitas
I. Kas Manzana

p40. ESLOGAN:

A. Brandy SOBERANO
B. Reloj OMEGA
C. Tabaco NOBEL
D. Bolígrafo BIC
E. Renault CLÍO
F. Bombones FERRERO
G. Patatas PRINGLES
H. Teléfono NOKIA
I. DIRECCIÓN GENERAL DE TRÁFICO
J. LOTERÍAS Y APUESTAS DEL ESTADO
K. Tabaco FORTUNA
L. Whisky JOHNNIE WALKER

p41. FOTOS DEL MUNDO:

A-3. AUSTRIA
B-5. FRANCIA
C-24. BRASIL
D-19. CANADÁ
E-22. CUBA
F-16. CHINA
G-11. TURQUÍA
H-18. AUSTRALIA
I-20. ESTADOS UNIDOS
J-12. EGIPTO
K-8. ESPAÑA
L-1. REINO UNIDO
M-5. FRANCIA
N-9. GRECIA
O-2. HOLANDA
P-10. RUSIA
Q-14. INDIA
R-4. AUSTRIA
S-13. ISRAEL
T-23. PERÚ
U-6. ITALIA
V-17. JAPÓN
X-21. MÉXICO
Y-15. TAILANDIA

El país con foto repetida es **FRANCIA**.
El país que no tiene foto es **PORTUGAL** (7).

CÁLCULO

p43. BOLAS Y DADOS:

```
5 + 6 + 3 - 2
x   +   -   x
4 + 5 + 1 x 3
+   +   +   -
1 + 2 + 3 - 4
-   -   -   +
6 + 6 - 4 x 5
```

p44. NUMÉRICO:

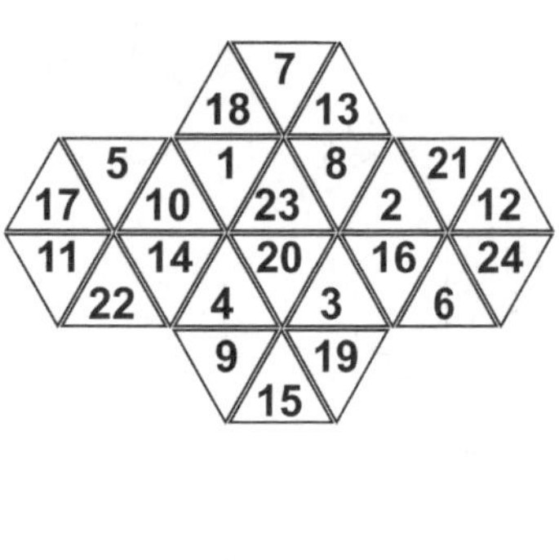

p45. SOPA DE NÚMEROS:

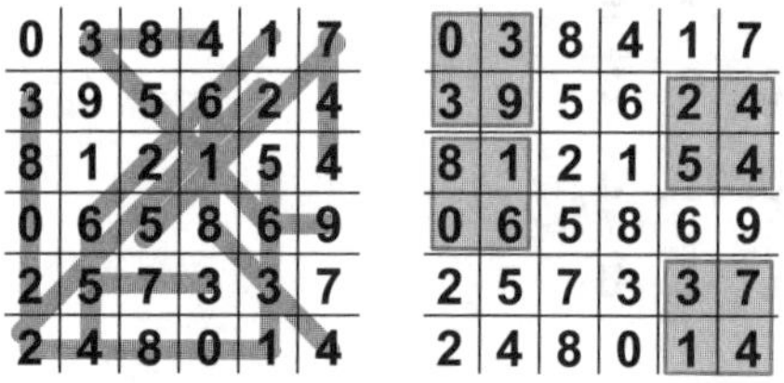

0	3	8	4	1	7
3	9	5	6	2	4
8	1	2	1	5	4
0	6	5	8	6	9
2	5	7	3	3	7
2	4	8	0	1	4

p46. PIRÁMIDES NUMÉRICAS:

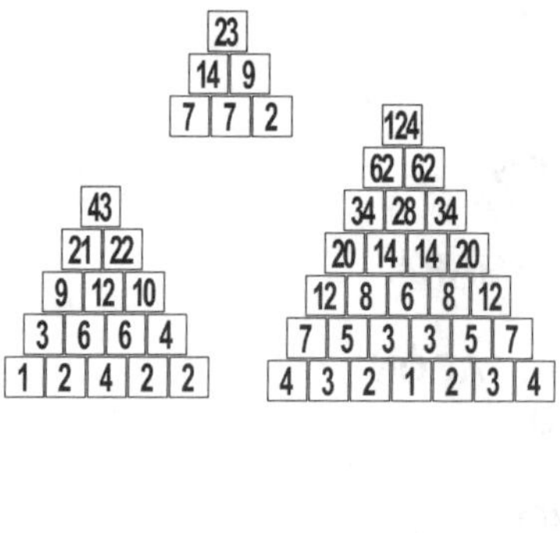

p47. HEXÁGONO MÁGICO:

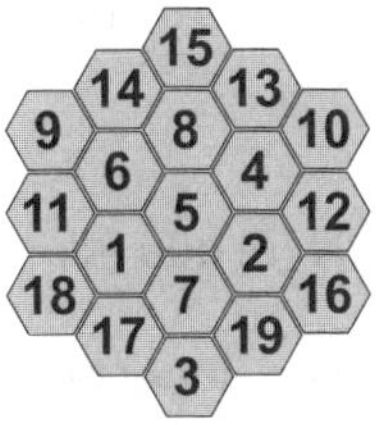

p48. CUADRADOS MÁGICOS:

25	11	9	18	2
8	17	5	21	14
1	24	13	7	20
12	10	16	4	23
19	3	22	15	6

6	24	2	20	13
5	18	11	9	22
14	7	25	3	16
23	1	19	12	10
17	15	8	21	4

6	23	20	4	12
19	2	11	8	25
13	10	24	17	1
22	16	3	15	9
5	14	7	21	18

11	19	8	22	5
23	2	15	16	9
20	6	24	3	12
4	13	17	10	21
7	25	1	14	18

21	18	14	5	7
15	2	6	23	19
8	24	20	12	1
17	11	3	9	25
4	10	22	16	13

9	2	23	11	20
13	16	10	4	22
5	24	12	18	6
17	8	1	25	14
21	15	19	7	3

p49. NOTAS NUMÉRICAS:

E=0
F=1
S=2
M=3
R=4
L=5
A=6
O=7
I=8
D=9

p50. DOMINÓ:

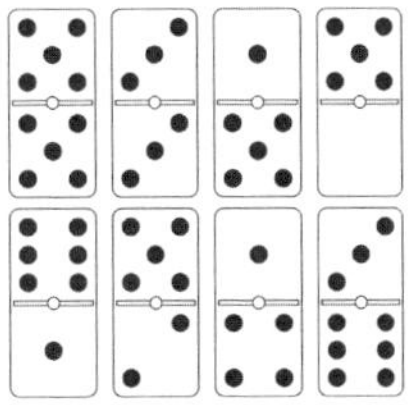

p51. SUMAS ALFANUMÉRICAS:

SEIS + CINCO + QUINCE + CATORCE = CUARENTA

p52. SUMA MISTERIOSA:

25 (185+743+518=1446)

p53. DADOS IMPOSIBLES

Un dado tiene en total 21 puntos. Puesto que a la vista hay 101 puntos y el total de puntos de los 15 dados es de 315, los ocultos será la diferencia, es decir, **214.**

p54. MÁS DOMINÓ:

1. **80**
2. **351**
3. Habría **23** fichas
4. Todos los números aparecen las mismas veces

ORIENTACIÓN ESPACIAL

p55. REVUELTO DE NOMBRES:

EINSTEIN
EUCLIDES

p56. CONSTRUCCIONES:

D y **E** son correctas.
A y **F** sobra una pieza.
B y **C** falta una pieza.

p57. NAVAJAS:

C y **J**

p58. SELENITAS:

La Tierra, vista desde la Luna, ocupa un lugar fijo en el cielo estrellado y, por tanto, no se pone ni por el este ni por el oeste.

El error cósmico es el cometa, puesto que la estela de estos cuerpos celestes siempre se dirige hacia el Sol. Podría pensarse en que fuese una estrella fugaz, pero no puede ser puesto que en la Luna, al no haber atmósfera, tampoco hay estrellas fugaces brillantes, tal y como las conocemos en la Tierra.

p59. ACTORES Y ACTRICES:

A. ANTONIO BANDERAS
B. NICOLAS CAGE
C. GEORGE CLOONEY
D. ANTHONY QUINN
E. PAUL NEWMAN
F. BRAD PITT
G. CHARLIZE THERON
H. CAMERON DÍAZ
I. NICOLE KIDMAN
J. SOFÍA LOREN
K. ANGELINA JOLIE
L. ELIZABETH TAYLOR

p60. PLEGADOS:

1-15, 2-12, 3-7, 4-4, 5-2, 6-3, 7-9, 8-14, 9-10, 10-8, 11-11, 12-5, 13-13, 14-1, 15-6.

p61. SOPA DE DADOS:

2. HELIO, NEÓN, ARGON, CRIPTÓN (el que falta), XENON y RADÓN.
3. MERCURIO, MARTE, PLUTÓN (cara superior). SATURNO, TIERRA, URANO (cara izquierda). JÚPITER, NEPTUNO, VENUS (cara derecha).El satélite es la LUNA.

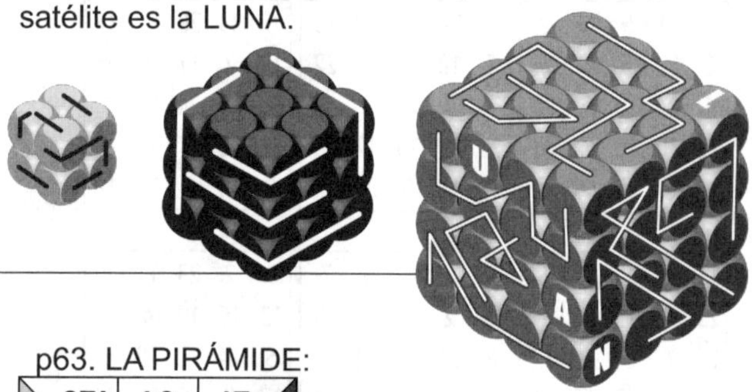

LÓGICA

p62. SUDOKUS:

2	7	5	6	9	1	4	3	8
6	9	1	3	8	4	2	7	5
4	3	8	7	2	5	1	9	6
8	5	3	1	4	2	7	6	9
7	6	4	5	3	9	8	2	1
9	1	2	8	6	7	5	4	3
3	4	9	2	1	8	6	5	7
5	8	6	4	7	3	9	1	2
1	2	7	9	5	6	3	8	4

4	8	3	9	1	2	6	7	5
7	5	9	4	8	6	3	2	1
1	2	6	5	7	3	4	8	9
8	6	4	3	9	5	7	1	2
3	7	5	1	2	4	8	9	6
9	1	2	7	6	8	5	3	4
6	4	1	8	3	9	2	5	7
5	3	7	2	4	1	9	6	8
2	9	8	6	5	7	1	4	3

6	5	3	7	4	1	9	2	8
9	8	1	2	3	6	4	7	5
4	2	7	8	9	5	1	3	6
1	9	4	3	5	8	2	6	7
5	6	2	9	7	4	3	8	1
7	3	8	1	6	2	5	4	9
8	4	9	6	1	3	7	5	2
2	1	5	4	8	7	6	9	3
3	7	6	5	2	9	8	1	4

p63. LA PIRÁMIDE:

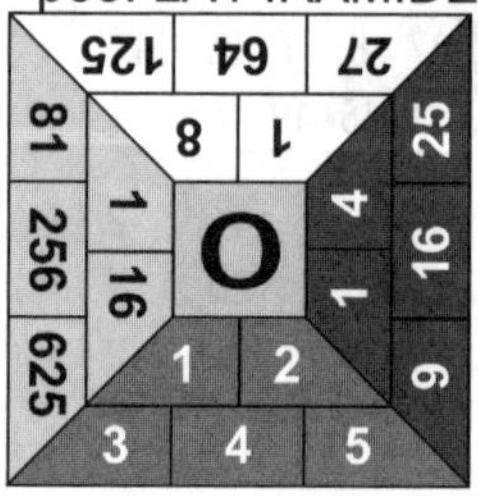

p64. PUZZLE NUMÉRICO:

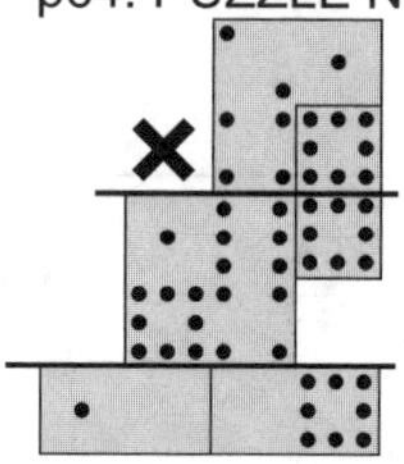

p65. HORAS EXTRA:

trabajador	antigüedad	día	horas
Luis	**3 años**	**lunes**	**3 horas**
Alonso	**1 año**	**martes**	**2 horas**
Pérez	**15 años**	**miércoles**	**30 min**
Jaime	**6 meses**	**jueves**	**4 horas**
Ramos	**1 mes**	**viernes**	**1 hora**

p66. TRIÁNGULOS MÁGICOS:

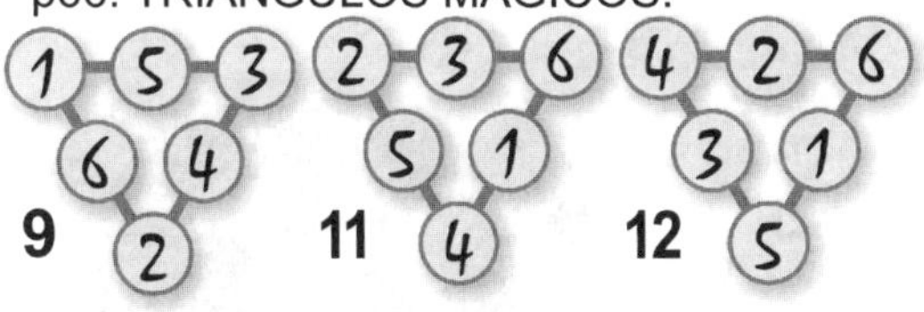

p67. MONEDAS:

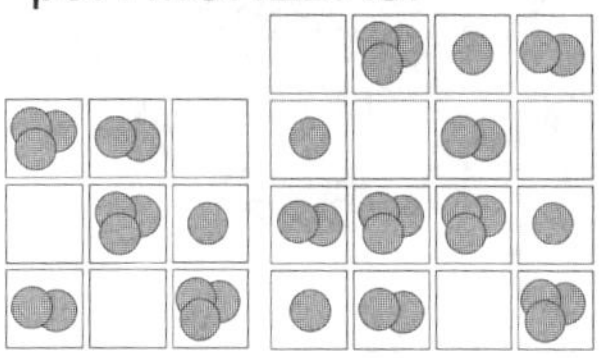

p68. EL GORDO:

nombre	edad	profesión	número
Luis	**40**	**médico**	**421**
Jaime	**25**	**actor**	**521**
Marta	**20**	**alcalde**	**621**
Julia	**35**	**secretario**	**721**

p69. WORDOKU:

T	N	A	O	U	E	C	M	I
E	U	O	I	C	M	A	T	N
I	M	C	T	N	A	E	O	U
O	C	M	E	I	U	N	A	T
N	E	U	M	A	T	I	C	O
A	T	I	N	O	C	M	U	E
U	O	E	A	M	I	T	N	C
M	I	N	C	T	O	U	E	A
C	A	T	U	E	N	O	I	M

p70. RELOJES:

p71. AMANTES Y ESPOSAS:

A. MIGUEL
B. CARLOS
C. 3

nombre	estado	cónyuge	amante	num.
ISABEL	**soltera**		**CARLOS**	
RITA	**casada**	**LUIS**		**2**
CARMEN	**casada**	**CARLOS**	**LUIS**	**4**
ANDREA	**casada**	**FRANCISCO**		
MIRIAM	**soltera**		**FRANCISCO**	**1**
LUCÍA	**casada**	**PEDRO**		
ANA	**soltera**		**MIGUEL**	**3**

p72. TEATRO NUMÉRICO:

1:

 **= 1**

 **= 6**

 **= 3**

$$\begin{array}{r} 6 \\ +36 \\ +311 \\ +1313 \\ \hline 1666 \end{array}$$

2:

p73. CRUZADA HEXAGONAL:

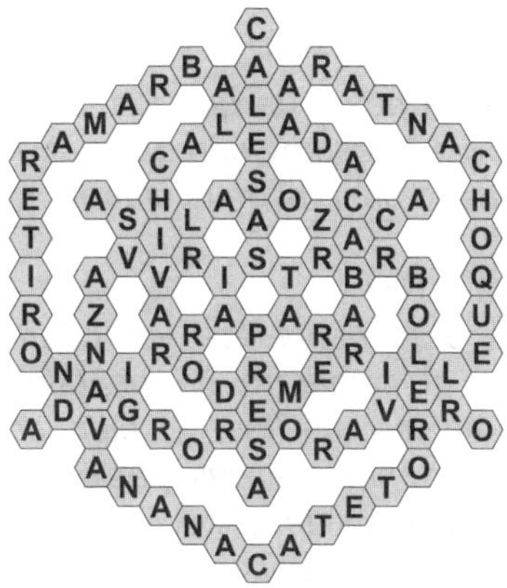

p74. LA RULETA:

19	10	9
4	16	8
7	2	14
20	33	36
15	3	24
25	13	21
34	31	1
29	32	6
5	28	27
35	17	18
22	12	26
23	11	30

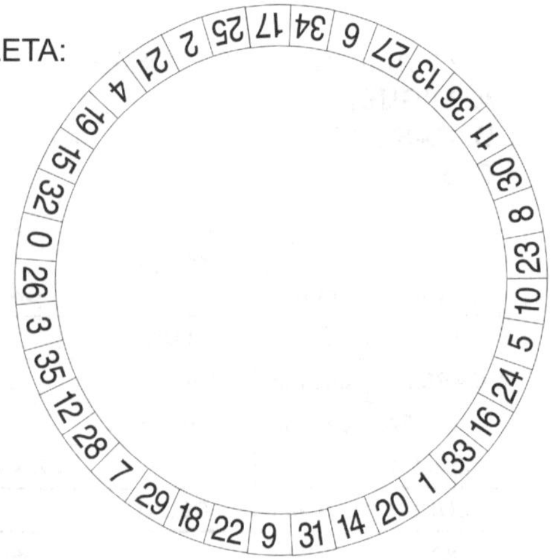

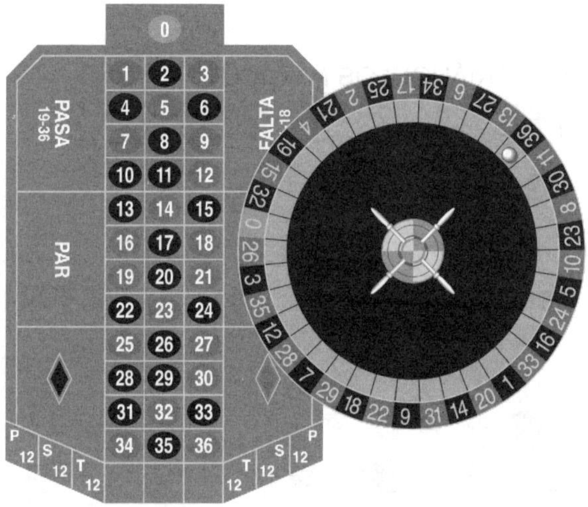

CREATIVIDAD

9 PUNTOS

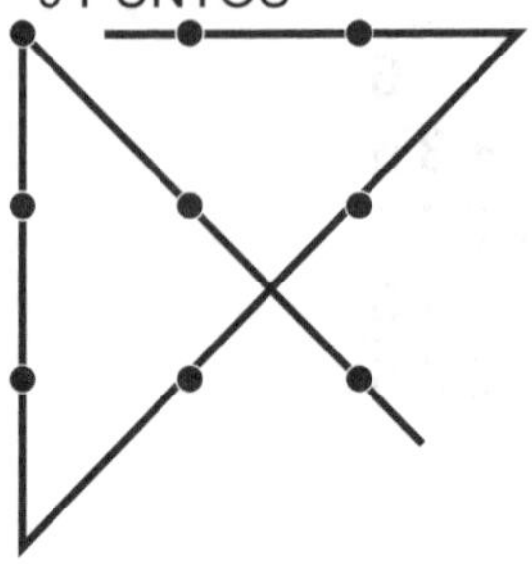

p75. FINAL CREATIVO:

Posibles finales:

2. PRECIOSAS S.L.

Jacobo comprende que a pesar de que todos los cristales han de ser irrompibles hay uno que necesariamente se tiene que romper: el de la alarma de incendios.

3. ¡AMBROSIO, EL POSTRE!

Lo que le interesaba a la dama era ver cuantas más veces mejor al camarero de pantalón ajustado y hoyuelos en las mejillas. Si bien es verdad que el dulce era una de sus pasiones, aquel camarero que acababa de conocer le estaba haciendo olvidar sus debilidades culinarias para acordarse de otras de diferente índole.

4. EL RETRASO

El marido no supo que había un cadáver hasta que reveló dos meses después los carretes de fotos y lo vio en ellas. Al no poder instalarse nada más llegar a Inglaterra, la cámara de fotos había quedado olvidada hasta el día que volvieron a su restaurada casa.

p76. JEROGLÍFICOS:

A. **ASTRONAUTA** (astro-NA-uta)
B. **ASESOR** (A-seso-R)
C. **APAREJADOR** (A-pareja-DO-R)
D. **DETECTIVE** (de-te-ct-IV-e)
E. **SOLDADO** (sol-dado)
F. **RELOJERO** (RE-L-O(er)JO)

p77. IDEANDO SOLUCIONES:

1. INVENTOS. Una gallina alimentada de tortillas producirá huevos.
2. EL TRANSEÚNTE. Era completamente de día.
3. SENTIMIENTOS ENCONTRADOS. Las tres son aspirantes al título de Miss España hasta que el jurado anuncia vencedora a Laura. Es normal que ella llore emocionada y las demás, pese a estar desilusionadas, sonrían demostrando saber perder.
4. INTERRUPTORES. Una opción sería encender por ejemplo el 2 y el 3 durante un buen tiempo. Al cabo de un rato apagaríamos el 3 y encendería-

mos el 4. Al cabo de otro rato apagaríamos el 2. Al subir, con sólo un viaje, sabríamos que la bombilla encendida correspondería al interruptor 4. La bombilla más fría al 1. La más caliente al 2 y la templada al 3.
5. LA TORMENTA. Esteban era el difunto que viajaba en el ataúd.
6. LA MOSCA. Nuria había endulzado el café antes de descubrir que había una mosca. Al probar la segunda taza descubrió que el café ya estaba azucarado.
7. EL CUMPLEAÑOS. Luis se llevó una parte adicional de tarta porque ningún compañero consiguió solucionar el reto. La forma era cortar la tarta en cuatro partes a partir de dos cortes y realizar un tercero paralelo a la base del pastel.
8. EXTRAÑA COMBINACIÓN. Ayer unos niños aprovecharon la acumulación de nieve para confeccionar un muñeco. Con los rayos del nuevo día la nieve terminó derritiéndose.
9. LA CONTRASEÑA. Le descubrieron porque esa no era la contraseña. En realidad tendría que haber contestado seis, ya que ése es el número de letras que tiene la palabra cuatro.

p78. EL VIAJE:
La historia podría seguir así:
La vida en Australia era muy interesante. Durante la semana trabajaba en el restaurante Asturiano y gracias a lo que ganaba podía permitirse visitar sitios que retrataba con su cámara (carrete de fotos). Un día se encontró una rosa de papel (rosa) delante de un establecimiento y decidió entrar. En aquel sitio se vendía tabaco, libros y boletos de lotería. Compró una guía de Francia y con el cambio jugó una apuesta a la Powerball (boleto de lotería). Dijo a la vendedora que si ganaba se la llevaba al sitio que eligiera de aquella guía. Ella le dijo que siempre quiso ir a París (mapa de París) pero que no se iría con un desconocido así como así.
Quiso la suerte premiar a Mario. Una vez que hubo cobrado el premio fue a la tienda y le regaló unos pendientes (pendientes) a la vendedora. Salieron juntos durante una temporada y cuando ella lo creyó oportuno se fueron a París con la compañía Egyptair (billete) haciendo escala en Egipto. Allí visitaron el Papyrus Museum (hoja) y el Egyptian Museum, donde Mario tuvo que pagar una entrada para su cámara (camera).
Finalmente, cuando llegaron a París, el le pidió que se casara con ella (anillo).

p79. ¿PARA QUÉ SIRVE?:
1. TÁNDEM. Bicicleta de dos plazas. Los dos pedalean pero sólo uno gobierna la dirección.
2. DEDAL. Utilizado por las costureras para protegerse el dedo que empuja.
3. MATRAZ. Utensilio para laboratorio de química.
4. HORMIGONERA. Máquina para amasar el hormigón.
5. RUEDA DE TRACTOR. Son indispensables para que los tractores se desplacen.
6. AFILALÁPICES. Se acciona dando a la manivela al poner la punta del lapiz en los agujeros.

p80. LA VIDA DE LOS DEMÁS:
A. *Mohamed es un experto vendedor. Se pasa el día persiguiendo a los turistas para que le compren los recuerdos de Egipto que confecciona artesanalmente su mujer. En estos momentos ha encontrado un filón. Un chico británico y tímido al que le cuesta horrores decir que no. Mohamed sonríe a la cámara. Está contento porque sabe que hoy será un buen día.*
B. *Oswaldo lleva 30 años trabajando en el negocio. Él es un experto en puros habanos y durante todo ese tiempo ha visto cómo poco a poco la plantilla de su pequeña empresa ha ido creciendo. Mientras saborea uno de sus productos va pensando en el momento de regresar a casa para cenar con su familia...*
C. *Este mocoso siempre se mete en líos. Sus padres son demasiado descuidados con él. Una cosa es estar de vacaciones en Venecia con tu familia, y otra muy diferente dar libertad a tus vástagos para que hagan lo que les dé la gana. En este preciso*

momento, Alejandro está a punto de vivir una situación peligrosa: se le ha caído el monopatín al fondo del canal y está intentando recuperarlo. Lo peor es que no sabe nadar.

D. *Hoy no es un día tranquilo. Hay un partido de fútbol muy importante en la ciudad y el despliegue policial es extenso. James lo sabe tan bien como sus compañeros: hoy llegarán tarde a casa. Los tres están coordinando sus labores. Solo desean que la cosa no se complique y que no haya muchos problemas. Los seguidores del equipo favorito son bastante agresivos cada vez que su club es derrotado.*

E. *Xao Ming no tiene tanto trabajo como otros años. Ya no vienen tantos turistas para que les lleve con su taxi de pedales por las calles de Hong Kong. Y eso se nota: su barriga comienza a dar fe de su poca actividad deportiva. Su cara muestra aburrimiento y desidia, aunque también preocupación por el futuro de su familia.*

F. *Encontrar los tesoros de un barco hundido es una tarea arriesgada. Tienes que vértelas con la ley y trabajar de forma furtiva sin llamar demasiado la atención. Además, es complejo encontrar el lugar, pero el beneficio que se adivina parece valer la pena. Éste equipo de piratas de barcos hundidos está planeando su próxima inmersión.*

HUMOR

p81. GROUCHO:

A - 18, B - 5, C - 14, D - 9, E - 2, F - 6, G - 20, H - 16, I - 4, J - 3

p82. OBJETOS Y PERSONAJES:

p83. SOPA DE EMOCIONES:

ALEGRÍA, AMOR, ENTUSIASMO, ESPERANZA, HUMOR, OPTIMISMO, ORGULLO, PLACIDEZ, SATISFACCIÓN, TRANQUILIDAD

F	Z	N	P	L	X	O	Y	D	X	M	M	J
W	T	D	K	A	U	A	I	M	K	W	G	L
E	O	R	G	U	L	L	O	F	M	K	A	M
N	N	E	A	P	Y	E	H	G	X	M	E	C
B	K	D	O	N	Z	N	G	U	O	J	S	Y
A	M	V	G	B	Q	T	A	R	M	S	P	W
N	Z	D	G	F	T	U	R	F	I	O	E	Y
E	I	N	F	L	G	S	I	P	P	A	R	P
X	M	P	H	D	Y	I	T	L	F	J	A	B
S	A	T	I	S	F	A	C	C	I	O	N	R
X	N	K	F	W	Y	S	U	O	Z	D	Z	T
P	Z	O	P	T	I	M	I	S	M	O	A	Y
N	J	F	Y	L	R	O	T	O	A	F	G	D
A	L	B	D	A	A	S	U	A	N	L	L	E
C	E	U	D	N	S	C	H	B	V	K	U	R
S	A	K	C	C	R	Y	I	V	B	V	P	H
K	X	Z	B	G	N	Z	X	D	L	M	I	R
S	H	D	D	T	M	U	Y	N	E	K	Y	U
C	T	E	A	G	K	K	E	K	G	Z	U	Y
L	G	H	T	A	F	O	A	A	T	I	G	E
P	B	P	J	A	P	N	U	L	L	S	L	S

p84. EL FANTASMA:

LA HORA CHANANTE

p85. DEFINICIONES:
OMBLIGO: especie de timbre que enseñan las mujeres en épocas cálidas del año y que si lo tocas te atiende el novio.
MODESTIA: reconocer que uno es perfecto, pero sin decírselo a nadie.
INFLACIÓN: es tener que vivir pagando los precios del año próximo con el sueldo del año pasado.
INDIFERENCIA: actitud que adopta una mujer hacia un hombre que no le interesa, y que es interpretada por él como 'se está haciendo la difícil'.
CONCIENCIA: voz interior que nos advierte de que alguien nos está mirando.
CONFIANZA: vía libre que se le da a una persona para que cometa una serie de barbaridades.
AMOR: palabra de cuatro letras, dos vocales, dos consonantes y dos idiotas.
GUANTERA: donde puedes encontrar cualquier cosa menos lo que su nombre indica.
HORMIGÓN: insecto muy grande que vive en las obras. Acostumbra a encontrarse armado.
IMPERMEABLE: pañales de marca Imper.
KAMIKAZE: persona que siempre tiene accidentes laborales.
LEÓN: animal que lee mucho.
MEDICINA: pastilla que nada dice.
MEJILLA: la mujer del mejillón.
MOSCARDÓN: un cardo de mosca.
ORDENADOR: aparato al que estamos sometidos.

p86. CHISTES:
A. - Déjeme adivinar... ¿Quizás usted necesita un par de días de descanso por culpa del estrés?
B. - Me lo dijo el doctor: puedo tomar sólo una copa de café durante el trabajo.
C. - 4.323 días sin accidentes laborales.
D. - Ciertamente la dirección le ve a usted como mucho más que un simple número. Señorita... Mmm.

TEST FINAL

p87. LA RECETA:
1. ALCACHOFAS
2. GALLETAS
3. SETAS
4. AJO
5. QUESO
6. CEBOLLA

p88. DADOS DIABÓLICOS:
1.14
2.33
3.29
4.33

p89. NOMBRES DE MUJER:
A. GLORIA
B. CARMEN
C. CAROLINA
D. PENÉLOPE
1. CARMEN
2. CAROLINA
3. GLORIA
4. JULIA
5. PAULINA
6. PENÉLOPE
7. SANDRA
8. SOFÍA

P	E	N	E	L	O	P	E			
					C	A	R	M	E	N
					J	U	L	I	A	
		C	A	R	O	L	I	N	A	
			S	O	F	I	A			
				S	A	N	D	R	A	
	G	L	O	R	I	A				

p90. MILLAS:
1. **PEKÍN** - **BUENOS AIRES** = 10.398 millas
2. **WASHINGTON** - **NUEVA YORK** = 179 millas
3. **ROMA** - **FRANKFURT** - **PARÍS** - **LONDRES** = 971 millas
4. **SANTIAGO**
5. **CARACAS** - **MADRID** - **EL CAIRO** = 4.351 + 2.069 = 6.420 millas x 1,852 = 11.889,84 kilómetros

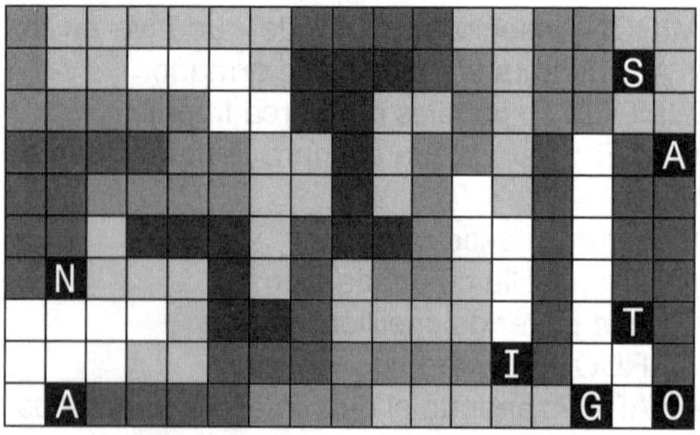

p91. CRIPTOQUIZ:

El Personaje: **GUSTAVO ADOLFO** (BÉCQUER)
La Clave: **ROMANCES**
El Criptograma: **EN EL PROCESO DE LA ESCRITURA LA IMAGINACIÓN Y LA MEMORIA SE CONFUNDEN.**

p92. ¿QUÉ HORA ES?:

Todos los relojes marcan las horas y cuarto de las 24 horas del día.

1. **3.15** (o 15.15 que sería el mismo)
2. **11.15** (o 23.15)
3. **4.15** (es el segundo reloj de la fila inferior, comenzando por la izquierda)
4. 15x24+30 = **390** (puesto que el reloj de la pregunta anterior marca las 9.45)
5. A= **4.15** (en la diagonal marcan, desde el ángulo inferior izquierdo, 12.15, 10.15, 8.15, 6.15)
B = **12.15** (en la diagonal marcan 9.15, 10.15, 11.15)
C = **6.15** (en la diagonal marcan 6.15, 3.15, 12.15, 9.15)
6. Las **17.38** h del día **29 de febrero de 2004**.

p93. BALDOSAS:

T	R	A	S		R	E	C	O	R	R	E[4]
R		H	A	S	T	A[6]		A	Q	U	I
	E	S	T	E		G	R	A	N		C
A	M	I	N[2]	O	,	T	U		C[5]	E	R
E	B	R	O		Y[7]		N	O	S	O	T
R	O	S		T	E		A	G	R	A	D
E	C	E	M	O	S		L	A		I	M
P	L[8]	I	C	A	C	I	O[1]	N		Y	
E	M	P	E	Ñ	O		Q	U	E		H
A	S		I	N	V	E	R	T	I	D[9]	O
.	S	U	E	R[10]	T	E		Y		H	A
S[3]	T	A		S	I	E	M	P	R	E	.

F O[1] N[2] S[3] E[4] C[5] A[6]   Y[7]   A[6] L[8] D[9] R[10] E[4] Y[7]